Linda... I giochi proibiti...

I0791863

Melanie van den Bril

Copyright/Tutti i diritti riservati all'Autore:
L'autore detiene ogni diritto della stessa in maniera esclusiva. Nessuna parte
di questo libro può essere pertanto riprodotta, memorizzata in sistemi
d'archivio o trasmessa in qualsiasi forma o mezzo elettronico, meccanico,
fotocopia, registrazione o altri senza la preventiva autorizzazione scritta
dell'autore.

cover/copertina: Melanie van den Bril

"Qualsiasi riferimento a persone o cose è puramente casuale".

"Dedico questo libro a quella ragazzina che vive nel cuore di ciascuna donna… e… a mia figlia!

I fiorellini crescono e la pianta madre li guarderà sempre con amore… anche quando è costretta a perdere i suoi petali!…"

e,

In memoria di Sylvain Coninx, avrei voluto regalarti il libro come mi avevi chiesto ma non ho fatto in tempo.
Mi dispiace così tanto Sylvain e grazie per il tuo aiuto morale nel 1975 e dopo la morte di mia madre nel 2008!

Linda è una donna che, arrivata alla soglia dei suoi sessant'anni, vive una storia d'amore che la fa riflettere e... pensare al suo futuro, ma anche al suo passato. Ci sarà un futuro felice e diverso dopo il suo "traguardo" o continuerà alla ricerca dell'amore e alla realizzazione dei suoi sogni?

Mi domando quale uomo riesca a capire veramente quali sono i reali sentimenti di noi donne. Quale uomo riesca a pensare alla "sua donna", come noi donne riusciamo a pensare a voi: "il nostro uomo"...
Ci avete mai pensato? E forse ci sarà... o esisterà quell'uomo che finalmente busserà alla porta di Linda e... potrebbe succedere che lei aprirà questa "porta blindata" con uno spiraglio o... forse continuerà a sognare...

1

Linda stava rientrando a casa. Affrontava il viaggio in treno come un peso mortale e continuava a guardare dal finestrino come se cercasse in quel vetro il riflesso della sua anima.

Si domandò com'era arrivata a questo punto, a questo traguardo che la fece sentire "piccola" in qualsiasi cosa facesse… addirittura nell'aria che respirasse. Si domandò come mai non riuscisse a essere talmente importante per lui, che almeno una volta potesse rimanere con lo sguardo stupefatto. Forse con il cuore immerso nella gioia… la volontà di vivere e di sorridere a tutto quello che la circondava.

Di nuovo Carlo era riuscito a ferirla nel profondo della sua anima. Era riuscito a far svanire tutta la speranza che nutrisse per il futuro, il loro futuro…

Linda sognava una vecchiaia insieme all'uomo che l'avrebbe amata, camminando l'uno affianco all'altro sul sentiero della vita. Dedicandosi alle gioie e ai pensieri dell'indomani, essere lì quando lui avrebbe avuto bisogno di lei o Linda di lui.

Una settimana fa era diverso, sembrava addirittura felice e sorrideva nonostante nel suo sguardo vedesse un dolore, percepiva che lui viveva male la situazione che era diventata la sua vita adesso.

Ieri era scorbutico, assente, lontano e ancora una volta era riuscito a farla soffrire.

Con l'ennesima scusa era partita per Torino per stargli vicino, per tirargli su il morale, per coccolarlo e per proteggerlo dai pensieri cattivi e nefasti che si stavano prendendo gioco di lui e lo distruggevano nel cuore. Era talmente demoralizzato che non riusciva più a mangiare, pesava appena cinquanta chili e Linda vedeva nei suoi occhi quella luce, che una settimana fa brillava, spenta come fosse caduto in un abisso.

Carlo si trovava nel più profondo buco dell'oceano e lei non riusciva a penetrarci. Lui aveva lasciato nessuno spazio per lei ed era come avesse piazzato una roccia pesante davanti all'apertura della sua *caverna* per non fare nemmeno penetrare una luce… Nessun chiaro di sole.

Quella parola, forse pronunciata senza accorgersene, com'era solito fare ogni tanto e l'aveva fatto anche una volta in passato si ricordò adesso, l'aveva ferita nel profondo del cuore. Quelle poche parole le avevano tolto l'equilibrio al quale tenesse così tanto.

"Non vedo perché dovrei andare in ferie con te, non ci penso minimamente... non ti sopporto!"...

E poi, un po' prima, quando voleva essergli d'aiuto per un eventuale viaggio con i suoi figli...

"Non vedo perché dovresti venire con noi, sono cazzi miei!"...

Certo erano affari suoi come lo erano anche quando non riusciva nemmeno a fare un viaggio lungo cento chilometri, figuriamoci andare a Sestri Levante distante duecento chilometri e, si domandò se era venuto a trovarla per farle una vera sorpresa la settimana scorsa, o che la sua improvvisata era stata un "tour de force", per valutare se sarebbe stato in grado di affrontare il viaggio da solo con i figli.

Carlo prendeva dei farmaci che lo facevano stare male e non si reggeva nemmeno in piedi questa settimana. Aveva perso quattro chili e i suoi problemi di salute lo stavano distruggendo, lo stavano letteralmente divorando.

Lei glielo aveva fatto presente, che doveva essere prudente, che doveva pensare alla sicurezza dei suoi bambini; entrambi dei ragazzini di dodici e tredici anni.

"Che te ne frega!..." aveva risposto.

"Loro sanno badare a sé stessi!"...

Forse la sua era una preoccupazione troppo eccessiva, è vero ma chi li conosce questi ragazzi, pensava adesso… Ma chi me lo fa fare a preoccuparmi per la sua salute… tanto che cosa sono per lui?

Un giorno dice che sono importante quando sto per fargli capire che non posso andare avanti in questo modo e dopo con tanta gentilezza regala una parola dolce: "ti voglio bene"… Perché amare non esiste da tanto tempo nel suo vocabolario!

Questa situazione di tira e molla distruggeva Linda completamente e si sentiva delusa, triste, per aver tanto amato e ricevuto poco… anzi niente in quest'ultimo anno. E… la cosa più triste era che lei amava Carlo, lo amava più di qualsiasi uomo avesse amato nella sua vita.

Lo rispettava, lo ascoltava, e addirittura ultimamente non gli fece nemmeno più vedere che la facesse soffrire. A lui che cosa importava se lei soffrisse. Sembrava certe volte che ci ridesse sopra.

Quella smorfietta che lei amava così tanto era lì adesso in qualsiasi occasioni e lei lo percepiva come se la prendesse in giro per la sua ingenuità e per troppo amore!

Che cosa era lei per lui? Ieri gli aveva fatto la spesa, e lui nemmeno le aveva chiesto se i soldi erano bastati perché non lo erano… che gli importava di lei! Sapeva addirittura che doveva percorrere cinque chilometri a piedi per arrivare a casa e non si era degnato nemmeno di una telefonata per chiedere:

"Stai bene? Sei arrivata bene?"

No! Lei spendeva i soldi per andare a Torino, nemmeno le chiamava un taxi per tornare a casa, per evitare che facesse quella lunga strada, adesso che era senza macchina, a piedi nel semibuio con il rischio di farsi investire.

Lontani erano i giorni in cui l'aveva coccolata, l'aveva fatta sentire la *sua principessa* come aveva detto la domestica.

Lontani erano i giorni in cui le aveva offerto un taxi per andare alla stazione, nonostante attraversare via Roma era uno scherzo e un piacere.

Una passeggiata di dieci minuti se non si metteva a guardare le vetrine. Un taxi allora costava dieci o dodici euro, dipendeva dalla *volontà* del conducente. Per rientrare dalla stazione alla sua abitazione sarebbero costati solo otto euro.

È vero erano piccole cose, piccoli gesti... ma Linda non si sentiva più realizzata, più stimata e di sicuro non amata!

Dove era finito quel romanticone che aveva detto di volerle bene, di stimarla, di apprezzarla, quell'uomo che ogni tanto, rare volte, le aveva fatto dei complimenti... L'aveva fatta sentire bella, consapevole dei suoi difetti, ma bella ai suoi occhi per l'età che aveva.

Ieri, per la prima volta aveva visto la grossa cicatrice sul suo corpo.   Lui senza pensare aveva detto:

"Pensavo che l'avessi già vista?"…

Come poteva essersi scordato che nemmeno questo piccolo dettaglio aveva condiviso con lui?

Dove era rimasta la loro intimità, quella complicità che c'era all'inizio del loro incontro?

È vero lui si vergognava del suo corpo, ma tutti dobbiamo invecchiare, non possiamo arrivare al traguardo con un visino da giovincelli e dire:

"Oh, come ho passato bene i miei anni, muoio da vecchio con un corpo da giovane!"

Non esiste! Proprio non esiste! Non è mai esistito e non esisterà mai in nessun mondo a parte quelli che si fanno clonare ogni cinque anni dopo i venti e, magari anche ogni anno per passare a una clonazione continua, per marcire dentro d'invidia in un cuore che non sa più apprezzare le vere bellezze della vita.

Ogni ruga diventa un ricordo, ogni fatica un pensiero a uno sforzo che forse ci ha reso felice o meno felice… dipende dalle circostanze.   Ma anche quelle sono parte della nostra vita e fanno sì che valga la pena di aver vissuto, di essere esistiti in un mondo che forse non se ne accorgerà dopo la nostra morte, ma questo non lo possiamo sapere!   Gauguin era odiato durante la sua vita, perseguitato dalle disavventure e famoso adesso…

Van Gogh? Più infelice di lui? Più squattrinato di lui? Nessuno!…

Almeno con quel vecchio barbone che è sempre seduto lì in via Roma, come se aspettasse il suo passaggio per ricevere una moneta da un euro, anche se per me vuol dire un litro di latte parzialmente scremato, aveva una cosa da condividere. Un attimo di simpatia, chi se ne frega di quell'euro regalato a lui e al suo cane!

Domani è un altro giorno, forse più felice di oggi, forse di meno… non si sa e Linda non lo può e forse non vorrà saperlo.

Il punto è che Linda si domandava dove era rimasto il senso della vita, l'amore della sua vita… Quel percorso che avrebbe fatto insieme a Carlo, un cammino che una volta l'avrebbe reso felice.

Dentro il suo cuore, tanto non riusciva a dormire la notte, frugava l'idea che forse la stava respingendo nel timore che si sarebbe affezionata troppo a lui… forse lui sentiva qualcosa di diverso… aveva anche smesso di parlare di eutanasia.

Menomale, pensò Linda che era riuscita a togliere quell'impulso negativo dalla sua testa e si domandò come mai non nutrisse più rispetto per la sua vita, forse per la vita in generale, e si chiese, dove era rimasto quell'uomo coraggioso, forte, combattente di una volta… e… Lei era triste per il dubbio che nutriva nel suo cuore, un non capire se era venuto a trovarla nel suo piccolo paese solo perché voleva scoprire se fosse ancora in grado di affrontare un viaggio così lungo.

Il suo cuore piangeva al pensiero e con il dubbio che non l'avesse fatto per renderla felice.

2

La donna era sovrappensiero e pensava al Belgio, il suo paese, adesso così… forse troppo lontano.

Pensava a quel ristorantino che aveva aperto. Doveva ammetterlo, con i quattrini del marito un noto avvocato. Si ricordava come Nini e Marleen l'avevano presa in giro per la sua *sciccheria*, il suo modo da ragazza disinibita, di prendersi gioco della vita e come avevano detto le due amiche: *non curarsi del suo cervello…*

Linda rideva e si domandò che fine avessero fatto quelle due ragazze serie che erano sempre le prime della scuola. Mai più aveva sentito parlare di loro o forse…

No, non poteva essere a Nini non sarebbe mai successo niente! Era troppo seria per permettere al destino qualche distrazione o qualche brutto gioco della provvidenza.

Una volta aveva rivisto il loro professore di lingue, Carlo… Sì, era così che si chiamava, e pensandoci doveva sorridere di quel giorno in cui lui si era sentito in imbarazzo perché si era fatta vedere con un vestito trasparente, quasi nuda sotto.

Carlo se n'era andato trovando una scusa stupida...

Lui era così non avrebbe tradito la moglie, ma Linda ci aveva provato e come no!

Si domandò se anche Marleen e Nini fossero state innamorate di lui, ma non sarebbe stato possibile tutto sommato *quelle due* pensavano solo allo studio, pensò adesso con un po' d'invidia... Certo loro erano brillanti! Andavano bene in tutte le materie e Linda aveva perso un anno curando troppo il proprio aspetto e... un fisico da mozzafiato!

Le era servito a qualcosa? Certo, la giovane ragazza aveva inseguito i consigli dei genitori e dopo tanta fatica era andata all'università. Di sicuro non per studiare, ma per trovare quel ragazzo benestante, magari un po' tonto, che si sarebbe innamorato di lei e... alla follia!...

Ed era successo veramente. I ragazzi della sua età erano frutto proibito, Linda mirava molto più in alto e... non c'era niente più facile negli anni settanta di trovare quel figlio di papà che volava già a ruota libera.

Comunque non era stata un'impresa facile. C'era riuscita dopo due anni di lunga fatica e... spreco di quattrini di papà!
Ma alla fine c'era riuscita come d'altronde aveva fatto anche la sorella più grande di cinque anni, che si era acchiappata un radiologo già specializzato!

Che fortuna!

La ragazza si era messa a sognare a occhi aperti come sarebbe stata la sua nuova vita, il loro avvenire e… il conto in banca! Non c'era niente di male a sognare un po' di soldi regalati per un abito frivolo o qualche macchina sportiva. Quello che Linda non sapeva era che il suo neo-maritino doveva fare pratica in uno studio ben avviato prima di arrivare in cima alle stelle!

La giovane donna si annoiava e si sentiva trascurata e prima ancora di passare alle nozze aveva cercato di consolarsi in un'avventura disperata per ritrovare sé stessa.

Si ricordava come prima si era innamorata anche del medico di famiglia, Richard, un ragazzo neo-laureato e come avesse cercato di incontrarlo il più spesso possibile. Certe volte di nascosto, certe volte di proposito, trovandosi all'uscita dell'aula principale e… senza che lui potesse protestare, offrirle un passaggio verso casa!

Linda si ricordava di quel giovane medico diventato adesso un famoso dermatologo e ben avviato! Quanto sentisse la mancanza di quelle cosucce frivole che non poteva permettersi e che non osava più chiedere a paperino, che aveva troppo da fare per stare dietro i capricci della sua mamma. Una donna spagnola, molto sofisticata, elegantissima e… così tanti anni più giovane del marito!

Ormai il papà di Linda era in pensione e non aveva più quel denaro da sprecare dopo il matrimonio costosissimo di Yanda, la sorella di Linda.

Ma lui era felice, la *bambina* era sistemata bene e poteva già permettersi una macchina sportiva cabriolet, dopo nemmeno due anni di matrimonio con il suo radiologo!

Linda, la sua piccolina, e la *coccola* della famiglia... anche per la sua statura... arrivava con tanta fatica a un metro cinquantadue, con un po' di tacco magari a un metro sessanta... ma tanto bella e sembrava addirittura una bambolina spagnola, con quei capelli lunghissimi, mai tagliati dall'età dei suoi sei anni e spazzolati ben tre volte al giorno!

Linda, è vero, nonostante fosse piccina, aveva fascino da vendere e qualsiasi uomo in cerca di una gallinella *stupida*, anche se lei stessa non condividesse quest'opinione, che Nini e Marleen avevano sul suo conto, considerato che riusciva sempre a convincere paperino a comprare i suoi voti... tanto stupida non lo era per niente!

Per quale motivo sgobbare sui libri nella vita se i voti sono facili da comprare, meglio lasciare i libri chiusi e senza sporcarsi le manine... figuriamoci il cervello!

Quanti uomini adoravano una mogliettina buona e tutto fare, capace di non protestare mai e che avrebbe *saltato come un pupazzo di peluche* a qualsiasi capriccio... finché era giovane e bella... tanto chi portava la mogliettina in riunione? O ai congressi? Nessuno! Linda sarebbe rimasta a casa, come la sua mammina una volta, mentre la *vera* donna di papà lo accompagnava ai congressi...

L'affettuosa, forse bruttina segretaria... ma tanto intelligente addirittura in grado di sostituire il dirigente durante una sua malattia o qualche capriccio da soddisfare dell'ancora giovane moglie!

Il papà di Linda era arrivato ai suoi settant'anni e la moglie doveva compierne ancora quarantadue e Linda non vedeva l'ora di imitare mammina nei suoi capricci e sciccheria! Al cervello avrebbe pensato dopo... se caso mai ci avrebbe pensato un giorno.

Dall'esperienza provocatoria e dalla reazione di Carlo aveva capito che ben presto tutti gli uomini sarebbero stati ai suoi piedi e così era stato. Non aveva nemmeno finito l'anno accademico quando si trovò stesa su un vassoio d'argento di un giovane uomo e avvocato molto promettente, per di più figlio di un professore universitario!

Chi l'avrebbe mai pensato... di sicuro non Nini e Marleen che sgobbavano sui libri dal mattino fino alla sera e non si fecero mai vedere in giro per la paura di non avere i voti alti!

"Bah", pensava ricordandosi di loro... "Se piace così a loro, va bene tanto chi le vede mai più!"

La *ragazzina* di una volta, immersa nei suoi ricordi preziosi e misteriosi, era salita con un sorriso esteso nella macchina di Richard.

Gli occhi del giovane dermatologo erano come due scintille che brillavano nel cielo e che potevano far ingelosire qualsiasi stella del firmamento. La guardava con aria distratta mentre proseguiva per la sua strada verso casa.

E se ci avesse provato? E se avesse cercato di baciarla?…

L'aveva guardata con aria perplessa… Linda appena salita in macchina aveva tirato su la gonna come questo gesto fosse la cosa più naturale da fare nella sua vita.

"Eh non senti freddo alle chiappe? Siamo d'inverno e il sedile è freddo! Vuoi prenderti un raffreddore?"… lui aveva detto…

Linda, con lo sguardo stupefatto per la battuta inaspettata di Richard, aveva fatto una battuta forse non gradita…

"Da quando in quando uno prende un raffreddore al sedere?"

Richard, con gli occhi scintillanti di due minuti prima, sentiva un brivido gelido sfiorare il suo cervello come stesse andando in cortocircuito! Lo splendore dei suoi occhi faceva piangere le stelle del cielo adesso… almeno se ci fossero state in questo momento, visto che era ancora giorno!

A un tratto aveva fermato la macchina, insicuro di sé stesso e consapevole che le piccole stelle che aveva visto svolazzare davanti ai suoi occhi erano solo un cortocircuito della sua maschilità che comunicava: "Richard tieni gli occhi aperti questa ti vuole incastrare!"…

Richard aveva lavorato duro e si era pagato gli studi lavorando la sera e studiando duramente. Era figlio di un operaio con tanti figli maschi ma con dei sani principi e mai avrebbe permesso, anzi avrebbe condiviso il pensiero di una distrazione, uno svago per distruggere il suo avvenire.

Sapeva come sarebbe andata a finire, sapeva che Linda l'avrebbe incastrato con quel dolce sguardo e con quell'arietta da ragazzina innocente che aveva perso la sua verginità al primo riccone viziato che aveva sfiorato la porta di casa… tanti anni fa!

La *gattina*, di nome Linda era perplessa della reazione di questo bell'uomo, forse troppo maturo per la sua età e anche troppo disciplinato per farsi *incastrare* in un' impresa dalla quale non sarebbe più stato in grado di liberarsi!

Per fortuna c'erano state Marleen e Nini che stavano alla fermata dell'autobus aspettando sotto una pioggia gelida!

"Hoi ragazze, volete anche voi un passaggio?"

Sia Nini sia Marleen avevano visto la *piccola bava* che non era ancora sparita del tutto dagli angoli della bocca del giovane medico.

Era sufficiente che le due ragazze guardassero chi era seduta sul sedile davanti per capire come mai oggi Richard aveva lo sguardo da pesce lesso… molto, molto lesso!

Linda nel suo modo agitato, da ragazzina presa *a leccare il burro*, come fosse una gattina in calore, aveva questa volta le guance rosse come un pomodoro maturo. Mai avrebbe pensato che le due fanciulle, intelligenti, e una volta delle classi superiori, l'avrebbe sorpresa nel dolce tentativo di conquistare *il medico di famiglia…* di entrambi!   "Ciao, Richard, ci dai un passaggio? Ciao Linda."

Linda si ricordava troppo bene, anche dopo diversi anni, come le sue due amiche, per modo di dire anche se erano cresciute insieme ma di opinioni molto diverse, l'avevano guardata e come Richard era rimasto incantato dallo splendore dei capelli biondissimi e folti di Nini.

"Hoi… non ti avevo riconosciuta! Ma sei cambiata tu! Caspita come sei diventata carina… e già al terzo anno! Sei stata brava, va bene sapevo che entrambi studiavate bene ragazze, ma scegliere una materia così difficile… allora eri tu quel giorno nell'aula di medicina? Ma che cosa ci facevi? Ah dovevi ficcare il naso nell'aula di anatomia! Hai mica vomitato? Ti hanno detto che la prima volta devi mangiare un panino col salame per non stare male? O… lo sapevi già!”…

Linda, con uno sguardo annoiato, come se avesse voluto dire: “che palle!” si era accomodata in un modo più *decente* per non far annotare le sue chiappe mezze nude sul sedile anteriore della macchina di Richard.

Nel tentativo di togliere la gonna da sotto le chiappette, sia Marleen sia Nini potevano intravedere quelle mutandine… molto, molto sexy che coprivano a malapena il più necessario da scoprire negli anni settanta! Con una ginocchiata nel sedile di Richard, da parte di Marleen, il trio si mise a ridere e… sembrava che i capelli lunghissimi di Linda ricevettero uno choc elettrico dall'imbarazzo.
Senza alcun motivo spuntavano due ricci da sotto la bandana che non riusciva più a tenere i capelli lisci, come era di gran moda e classe per le ragazze sofisticate di *alto livello di disinvoltura!*…

Il viaggio in macchina era stato il ricordo del giorno più noioso che Linda potesse sognare e gli occhi di Richard, che prima brillavano da pesce bollito, per l'impulso di adrenalina che aveva cercato la parte opposta del suo cervello per scendere… si sa bene dove… non rispondeva più alla scintilla di sesso frenetico, ma a un discorso di una placenta che adesso era usato per curare la dermatite da choc!…

Più choc di così non poteva essere alle orecchie di Linda e nell'ultimo tentativo di conquistare, con un cervello ancora in fase di crescita, il giovane medico comunicò che non aveva nessuna intenzione di vendere la sua placenta prima di essere incinta!

Le due ragazze si erano messe a ridere… Nini era piegata in due sul sedile posteriore della macchina.

Marleen… faceva delle *ghignate* che non finivano più e di tanto in tanto si sentiva dal sedile posteriore un rumorino come fosse un maialino che stesse per sfuggire alla preda del contadino… destinazione finale: *la brace*!

Richard non riusciva più a trattenersi e con una battuta spiritosa:

"Dai ragazze vi offro un gelato nella mensa dell'università… così spieghiamo a Linda quando e come *cresce la sua placenta!*" …

Non avesse mai pronunciato quella parola e pronunciato quella frase! Linda con uno snif di frenato metabolismo, si agitò come nulla la potesse più trattenere…

"Devo scendere… ho un incontro con il mio fidanzato, devo discutere i preparativi delle nozze…"

Linda si ricordava adesso tutta la scena come fosse ieri e come le due ragazze si erano divertite alle sue spalle e come Nini aveva provato in un ultimo tentativo di sbilanciare la situazione, a convincere Linda a dire loro dove aveva comprato quello slip molto in e molto sexy… La ragazza era scesa dalla macchina come fosse una leonessa in preda al panico per l'ultimo bocconcino disponibile da divorare sulla terra: Richard!

Con tristezza Linda pensò alle due amiche del passato e a come si erano prese gioco di lei…
e come lei, ragazzina giovane, era stata sciocca a fare la caccia dietro la fortuna di quattrini brillanti e di grossa taglia, senza usare il cervellino che papà aveva lasciato in dono il giorno della sua nascita.

Sì, che adesso loro due avrebbero potuto aiutarla a riflettere sulla situazione che si era venuta a creare con Carlo!

Sì, che a loro non sarebbe successo e… avrebbero ragionato sul modo in cui comportarsi con un uomo che stava invecchiando prima del tempo dovuto e che diventava giorno dopo giorno più collerico e fastidioso!

Il suo fascino da giovane ragazza aveva preso una piega diversa e Carlo non ce la faceva a starle dietro sessualmente e forse, se avesse pensato in modo serio, avrebbe capito che questo era all'origine di tutta la gelosia di Carlo e del suo comportamento *anti-donna*, come fosse un gallo che non riesce più a fare chiricchichi o chissà magari anche chiricchichei…

secondo i giorni se a lui i cosiddetti *giravano bene* o li *giravano male*...

La filosofia dei tempi non era mai stata un brano d'interesse per lo spirito molto *donna* di Linda, ma ora aveva deciso di riflettere un attimo sulla sua esistenza e pensare al proprio futuro per scoprire se avesse ancora il suo sex appeal di una volta o, se anche questo fosse svanito nel nulla!

Certo se Carlo l'avesse conosciuto tanti, forse anche solo dieci anni fa, sarebbe stato diverso. Avrebbero fatto l'amore dal mattino fino la sera... senz'altro!

Linda doveva riflettere su quest'ultima battuta... no, conoscendolo nemmeno quello. Lui aveva la sua scuola, i suoi interessi e poi non era un uomo da conquistare... lui era fatto alla vecchia maniera! Doveva conquistare lui! Doveva prendere l'iniziativa lui! Tutto lo doveva fare lui! In tutto e per tutto! Sempre lui!

Adesso sì che Linda si poteva arrabbiare e darsi allo sfogo di tutti quei sentimenti di cui si sentisse prigioniera nei giorni precedenti; tutte quelle battute che avevano distrutto la sua anima di donna giovane ancora nel cuore, ma con un fisico da invidiare.

Solo lui non la vedeva così, lui la vedeva peggio di una

domestica che gironzolava di tanto in tanto in casa con dei denti da far invidio a un gioielliere… O un cadavere che ne venisse privato, un attimo prima di finire sottoterra a qualche *ruba ossa* senza cuore!…

Linda si rese conto dei suoi pensieri macabri in questo momento, ma era colpa della situazione e i ricordi che aveva di Richard e la sua placenta!

Anche i denti in oro, pensò, fanno parte di un fisico che gironzola come una mummia in casa e dà sfogo alla sua curiosità, appena Carlo chiude la porta di casa per far sì che la *moina* intrufola il naso in chissà che cosa o… quale cibo è rimasto in più nel frigo; lasciando marcire quello meno gradito in un angolo sperduto dietro due vasetti di ricostituenti!

Linda non riusciva a pensare a Carlo, con devozione e amorevolmente, in questo momento e pensavo a ben altro.

Doveva pensare al suo guardaroba invernale che non era ancora stato cambiato e alle cose piacevoli di una vita… I suoi ricordi, le sue avventure amorose, di tanti anni fa e lasciati in sospeso in un cassetto, che adesso bruciava con l'ansia di essere aperto e rimesso *a nuovo* e forse in pratica!

Chi lo sa… Linda era fatta così, non avrebbe più aspettato che Carlo le avrebbe fatto una battuta come l'altra volta:

"Ti sei guardata nello specchio, hai visto cosa mangi?"

e di sicuro non avrebbe più aspettato invano per farsi sentir dire:

"Quanto sei bella! Quanto sei eleganti "
e… non avrebbe più sbattuto la porta in faccia a lei, mentre otto mesi fa la teneva aperta in modo esagerato come se volesse provare con la sua ultima maschilità, che anche questa volta sarebbe stato in grado di staccare la porta dalle sue cerniere!

Adesso dopo tutta la rabbia di ieri e la notte passata in bianco, nel vano tentativo di consolare la sua anima in qualche sogno erotico… rimasto in sospeso, mai più si sarebbe fatta umiliare!

Mai più, aveva deciso, si sarebbe fatta trattare come una nullità da un uomo che non aveva nessun sentimento reale verso il sesso femminile e che predicava solo *la sua sacra bibbia*, inventata, redatta e perfezionata da lui, per i comodi suoi secondo i capricci del giorno e di un futuro che non sarebbe mai arrivato!

Adesso Linda percepiva la situazione in questo modo… e pensandoci bene che cosa era riuscito a compiere con successo nella vita?

Il lavoro? Certo! Ma la prima moglie abbandonata al suo destino in dolce spinta verso le braccia del suo amico, in tenera e meritata consolazione… Due figlie femmine che non vedeva mai!

No, qui Linda stava esagerando. Una, la più piccola, la vedeva una volta l'anno. Forse perché voleva controllare se paperino era ancora in vita… o per portargli via qualche soldo. Tanto non è che avesse combinato un granché nella sua vita, aveva un compagno che *scaldava il sedere in carcere un mese sì un mese no.* Lui era un habitué dei dolci fumi!   L'altra? Invano cercare di capire qual era diventato il suo destino, perché secondo Carlo quella figlia non era carina e bella come l'altra.

Ma… forse più affettuosa e intelligente e sensibile per essere stata abbandonata da un padre, che mirava forse a una donna più ricca di sua madre! Forse era quello? Adesso a pensarci bene!…

Certo questa volta Linda era caduta in preda a un uomo che la stimava forse per i suoi soldini… aveva trovato il rovescio della medaglia… ma a che cosa importavano a lui adesso i soldi. Era magro, non poteva mangiare quello che voleva e aveva rovinato i suoi polmoni fumando come un *turco.* E si stava spegnendo pian pianino adesso per mancanza di volontà, di buon senso e di egoismo da vendere!

Nonostante Linda non avesse mai pensato seriamente al senso della vita, in modo neutrale e senza far parte di una religione che non aveva studiato in profondità, e anche questo nel vero senso della parola, capì che Carlo comunque avrebbe dovuto fare un resoconto una volta arrivata sulla soglia del Paradiso… volendo o no! E che avrebbe trovato lì San Pietro con uno Sheaffer dorato in mano chiedendogli:

"Com'era stata la sua vita affettiva e se fosse riuscito a rendere qualcuna felice su questa terra"...

e Linda era consapevole che Carlo si sarebbe trovato in difficoltà in quel momento… e come no!

Che cosa avrebbe potuto rispondere? Di aver abbandonato la moglie con due figlie e non aver più pensato a loro?

Certo aveva, secondo il suo dire, lasciato loro la casa… ma questo chi l'aveva potuto verificare … nessuno e di sicuro non lei!

Forse la *moina* che gironzolava in casa con la luce dei suoi denti brillanti in piena notte, mentre lui era in ospedale in preda al panico e preoccupazione per il suo avvenire? Non ci aveva mai pensato ma di sicuro sarebbe andata così conoscendola. Figuriamoci non poteva nemmeno lasciare in (santo) pace un bigliettino di Natale!…

Linda non poté fare altro che ridere… Era come s'immaginasse la situazione in modo comico adesso e nonostante portasse tanto rancore nei confronti di Carlo, era consapevole che nemmeno con la seconda donna, che aveva usato, aveva portato a buon termine la loro avventura!

Lei aveva scelto di tornare dal maritino ricco. Da buona tedesca fedele aveva capito, dopo sette lunghi anni, che la battaglia non era più vincibile e aveva abbandonato la *nave* come l'avevano fatto i tedeschi lasciando la povera gente in preda al panico nei campi di concentramento.

Si domandò se forse era per quello che adesso Carlo usasse le donne come fossero dei fazzolettini di carta da buttare via. E se avesse cercato una consolazione avvicinandosi a una donna italiana, la sua professoressa d'italiano.

Una donna molto benestante e disposta a sacrificare sé stessa, affogando nella negazione del suo pietoso essere, a forza di pagargli mille viaggi nel tentativo di scoprire l'Italia. E… con i soldi che non erano i suoi, e dei quali avevano *goduto* anche la figlia con il compagno dei *fumi piacevoli*!

Certo!… Si domandò se Santo Pietro avesse fatto una domanda su com'era la storia dei due fanciulli ancora in fase di crescita… Se loro sarebbero stati felici con il papà che aveva l'età per essere nonno! E sì… che Carlo in questa situazione si sarebbe trovato di nuovo in difficoltà, doveva ammetterlo. Anche quest'ultima convivenza con una donna di vent'anni più giovane era andata male e non era riuscito nemmeno questa volta nell'impresa più difficile del mondo:
Dare tanto amore, e tanto affetto e sacrificare sé stesso in modo responsabile alla crescita di due bambini ancora piccoli!

Linda, con la prima ruga apparsa sulla fronte, non poté che pensare alla situazione. Nessuno veniva a trovare Carlo nella sua vita da uomo solitario… nessuno dei sette fratelli! Nessun amico… proprio nessuno! Qualche contatto sporadico con un collega… per il resto, *nada*(scusatemi)… niente!…

E, dire che un giorno aveva detto di amarla… E dire che un giorno aveva cercato di fare l'amore con lei. Ma poi si era girato con la scusa che non si era sentito in grado… che era stanco come lo spot pubblicitario:

"Antonio (Antonietta?), sono stanco… Antonio ho caldo…"
Se almeno avesse avuto una bottiglia di Belthé, pensò adesso… ma nemmeno quella piccola frase di poco significato intellettuale poteva rallegrare la sua mente, i suoi pensieri, i suoi sentimenti e… il suo cuore.

Invano capì che nulla aveva ricevuto… e forse nemmeno le donne che erano passate prima di lei, avevano ricevuto e si chiese se Carlo fosse in grado di amare qualcun altro a parte sé stesso e il proprio ego nel quale stava affondando giorno dopo giorno, ora dopo ora nella solitudine della propria anima. Forse in attesa dell'ultimo viaggio?

Non proprio, forse nell'attesa di diventare un ebreo errante in cerca del libro che aveva perso in qualche deserto!…

Linda rideva pensando alla situazione e con il carattere allegro che si trovava con i bei ricordi del passato, sperava solo che Carlo nella sua ricerca di diventare un ebreo errante non avrebbe incontrato un cammello in fuga! Chissà che ridere! Avrebbe dovuto condividere lo spazio anche con lui!… E, si domandò se ne sarebbe stato in grado, o... se non avrebbe cominciato a litigare anche con questa bestia!... Poverina!

3

Linda era brava a suonare la chitarra e i suoi pensieri andavano verso i ricordi di un passato amoroso…

Si ricordava come fosse ieri, quell'incontro con Giosuè. Lei era seduta in riva al mare e suonava la chitarra. Avrà avuto una trentina d'anni ed era la prima volta che passasse le ferie da sola. Aveva litigato con suo marito ed era partita da sola verso la loro casa in Spagna.

I suoi pensieri tornavano a quella mattina di primavera e come si trovasse da sola in riva al mare. Suonava i "Giochi Proibiti" e pensava alla sua vita amorosa che non era il massimo delle sue aspettative. Quante volte aveva chiesto più attenzione per i suoi sentimenti, quante volte era rimasta la sera tarda ad aspettare il rientro del marito e le sue coccole… invano! E ripensandoci, una lacrima di solitudine scendeva sulla sua guancia.

Linda aveva appoggiato la chitarra e si era sdraiata sul suo asciugamano… da lontano sentì una musica insolita.

"Forse è la radio", pensò "o qualcuno che suona il pianoforte" …   Sì, era proprio quello. Qualcuno suonava la "Traumerei" come fosse in preda a una forte stretta al cuore.

Tutto a un tratto Linda cominciava a tremare era come vivesse in un sogno... Si alzò e con una magia particolare si sentì attratta verso questi suoni divini del pianoforte. La melodia proveniva da una villa non lontano, quasi in riva al mare. Poteva osare, poteva entrare?...

Linda si era avvicinata al cancello che stranamente era aperto... Era entrata e senza bussare aveva aperto una porta. L'ingresso era come magico, sentiva i suoni sempre più forti e avvicinandosi verso il soggiorno vedeva un uomo nella penombra, come fosse in una dolce serata avanzata.

Il sole non poteva penetrare dalla finestra. La tenda pesante in broccante era chiusa e... la musica era divina... e lì... aveva incontrato un uomo, Giosuè, che avrebbe avuto un significato importante nella sua vita... anche dopo!

La sua schiena era abbronzata e si domandò come mai quell'uomo, giovane, era lì da solo e... come mai suonasse il pianoforte a torso nudo. Mai si era trovata in una situazione così eccitante prima. Le sue braccia erano muscolose e le mani... era impossibile non notarle.

Giosuè teneva gli occhi socchiusi e, come stesse camminando in un sogno, muoveva la testa con un leggero dondolio, come se stesse viaggiando accarezzando le onde. I suoi capelli castani erano ricciuti e assai lunghi nella nuca. Le sue spalle, forti e quella vita sottile...

Linda non poté che sognare. Senza conoscere l'uomo, si era avvicinata a lui dietro le sue spalle, era come fosse in un altro mondo. Lui continuava a suonare, senza fare attenzione a lei e la *sua impresa* e non aspettata delicatezza.

Linda vestita con un dopo-sole in tulle bianco trasparente, si era avvicinata come fosse un angelo che camminasse su una nuvola. Aveva cominciato ad accarezzare quelle spalle forti come fosse il leggero tocco di una piuma. Le sue mani scendevano sul suo collo, con la magia delle sue dita che lo sfioravano sempre più in basso verso la spina dorsale... una schiena forte e muscolosa. Linda non riusciva più a capire i suoi sentimenti e senza motivazione aveva sfiorato le spalle di quell'uomo sconosciuto con un dolce bacio, come vivesse in un'estasi e conoscesse questo ragazzo da una vita.

Lui continuava a suonare, la musica divina che ubriacava Linda sempre di più nei suoi sentimenti. Come poté resistere al fascino di questa persona sconosciuta, quel ragazzo forte, che riusciva a evocare una sensazione che non aveva mai provato prima...

La giovane donna non pensava più alla sua chitarra abbandonata in spiaggia, all'asciugamano steso in solitudine in riva al mare. Non guardava nemmeno l'arredamento in questa casa inaspettata, ignara della presenza di qualcun altro.

Linda era lì come in una sfera di cristallo che riusciva solo a distinguere la luce diversa che brillava nei suoi occhi. Giosuè continuava a suonare come si fosse accorto di nulla e mai la ragazza aveva sentito suonare i "Giochi Proibiti" su un pianoforte.

Senza chiedere un perché, senza alcuna spiegazione, le sue dita sfioravano i tasti bianchi e neri del pianoforte come fosse il correre dei cavalli selvaggi nelle Camargue...

La semplicità e il dolce tocco la facevano svegliare dal suo sogno.   Linda non accarezzava più le spalle di un uomo sconosciuto...

Lui l'aveva abbracciata, come fosse stata la donna della sua vita. Ci fu un amore travolgente, un fuoco inatteso e tanto aspettato in questo preciso incontro. La loro passione era condivisa dal richiamo di una dolce musica e non aveva parole per descriverla. Non era una sensazione magica, un incontro amoroso qualsiasi, un tocco banale di una sera o notte tarda...

L'amore che sentivano entrambi era come una cascata che scende sull'onda più grossa del mare, come volesse mettersi in competizione con la magia dei tempi, la forza della natura. I loro corpi tremavano in un legger tocco delle mani che sfioravano tutte le parti del corpo.

Le loro anime nude non dovevano trovare delle scuse per un sentimento precoce o indesiderato.

Loro due vivevano questo momento magico come fosse l'amore di una vita in dolce attesa e sconosciuto prima d'ora.

Lui giovane, atletico e attraente. Linda, la fata della natura come fosse la dea dell'amore… più bella che mai…

Mai, Linda aveva fatto l'amore sul suono della musica, mai aveva conosciuto un sentimento così forte, un fuoco intenso che apriva l'anima al primo raggio di sole e si nasconde dietro il chiaro di luna.

Nessun'ape era riuscita a tremare con una vibrazione tale dei loro due corpi… Nessuna farfalla aveva toccato prima la dolcezza di quegli occhi che sembravano volare con lo sguardo verso orizzonti lontani, mai conosciuti prima d'ora.

Linda non sapeva quanto tempo avesse trascorso con lui in questo dolce abbraccio, questa magia mai provata nel tempo o nel passato. Lo guardava e lui con gli occhi chiusi, come se dormisse, rimaneva steso sul pavimento come fosse un bambino senza la protezione della mamma. Le braccia attorno alle spalle e le ginocchia tirate su come se si vergognasse per la sua mascolinità.

Linda si era vestita e con la dolcezza del suo primo avvicinamento se n'era andata e a piedi scalzi era tornata in riva al mare. Come nulla fosse successo, ha preso la chitarra in mano, come se non si fosse mai svegliata da quel sogno di giochi proibiti…

Non aveva mangiato quel giorno, era come se l'amore vissuto

quella mattina tarda avesse riempito il suo cuore di una saggezza mai imparata prima.

Non sentiva il brontolio dello stomaco affamato, nemmeno le labbra che si stavano screpolando al sole.

Nessuno era in spiaggia a parte lei... Sì, forse un cagnolino che correva su e giù in lontananza. I gabbiani facevano il solito rumore, come se stessero aspettando il salto di qualsiasi pesciolino piccolo in preda al panico.

La sera era arrivata quel giorno prima del solito. La luce calava come si vergognasse dei sentimenti proibiti sentiti in lontananza. Il cuore di Linda era triste e non sapeva se sognare o svegliarsi e riprendere la strada verso casa. Nessuno squillo di telefono da parte di suo marito, nessun cenno di vita di sua madre. Lei era lì abbandonata alla sua solitudine e alla sua vita lontana da casa, in una spiaggia deserta che aspettava solo il bacio della luna.

Linda aveva preso i sandali in mano e si era allontanata, verso casa... la loro villa a due isolati più in là. In lontananza sentì un pianoforte, ma un suono diverso come fosse il tuono di una tempesta in arrivo... o forse un richiamo alla solitudine.

Lei non si era osata fare il percorso del mattino, come se le mancasse a un tratto quel fuoco divino che si era sentita dentro e che adesso era spento.

Si sentiva giù di morale e abbandonata a sé stessa.   Nessuna voglia di cucinare, nessuna voglia di camminare... senza fare niente voleva passare la serata, solo con il pensiero dei suoi ricordi...

4

La mattina presto, era quasi l'alba, e attirata come fosse quel magnete che cerca la sua moneta di fortuna, Linda era tornata in spiaggia. L'acqua del mare era ancora fredda e senza pensare a niente, aveva lasciato i suoi indumenti e la sua chitarra al solito posto, in riva al mare e sul suo asciugamano rosso velluto. Ignara della presenza altrui, ignara dell'atmosfera magica che poteva abbracciare quel giorno. Linda aveva nuotato e si era lasciata dondolare sulle onde del mare, senza accorgersi di un leggero tocco che le sosteneva la schiena.

Le sue mani erano come una carezza inaspettata. Il suo dolce sguardo sfuggito verso un cielo azzurro, come se non volesse incontrare il suo.

Aveva nuotato sotto di lei e la teneva in uno stretto abbraccio adesso come se i loro due corpi non potessero mai più staccarsi.

Il mare fece sentire il primo calore della primavera e Linda si domandò se era perché si sentiva tanto felice, tanto amata da quello sconosciuto che la faceva sentire donna nel vero senso della parola. Lui era come quella conchiglia che teneva la sua perla stretta nelle sue mani di corallo.

Le sue dita sfioravano le sue labbra, il suo piccolo nasino, la sua bocca e baciava i suoi occhi. Le mani accarezzavano i suoi capelli lunghi e bagnati. Il suo corpo tremava con quella stretta inaspettata e mai provata in mare. Entrambi i corpi nudi si accarezzavano sul fondo schiena e si baciarono come fossero messaggeri di una primavera che non potesse mai più finire. I suoni di una musica mai suonata e quei giochi proibiti che sfioravano le sue gambe come fossero messaggeri del tempo...

Le parole che sussurrava alle sue orecchie erano una delicatezza mai sentita prima. Lei era diventata la sua donna senza chiedere né il perché, né il come... Era come fosse stata sempre lì in dolce attesa della nascita del loro primo incontro.

Giosuè l'aveva guardata, senza parlare... I suoi occhi semichiusi, quello sguardo latino con gli occhi che le penetravano nel cuore come fosse la chiave dei suoi pensieri. Le sue mani che la spingevano su fuori dal mare, la sua bocca che baciava i sui seni bagnati come fossero dei fiori ricoperti da una dolce rugiada...

"Lo senti anche tu quella musica adesso, come la sento io... quanto sei bella, Linda la senti la mia anima che è fatta per te?"

Linda non sapeva cosa rispondere, né cosa fare. Teneva

soltanto gli occhi chiusi e la testa leggermente indietro per godere questa sensazione al massimo.

Il suo piccolo corpo conosceva la melodia di un amore diverso, una sensazione unica di essere importante per qualcuno… e non pensare alla sconfitta del suo matrimonio.

Non si erano accorti quanto tempo avessero trascorso a nuotare e fare l'amore in acqua. Nemmeno quanto tempo erano rimasti lì in riva al mare dopo, lei stesa sul suo asciugamano e lui nella sabbia con i granulini attaccati al suo corpo bagnato.

Giosuè era un bell'uomo, forse qualche anno in più di lei. Linda non gli aveva mai chiesto e non le era venuta l'idea di chiederglielo. Non le è mai passato per la mente. Sembrava come rubare una certa intimità e rubare qualche segreto al passato di un sogno sconosciuto…

Giorni avevano passato insieme nel dolce abbracciarsi, nel leggero tocco di un amore che non avrebbero mai voluto dimenticare e forse mai voluto cancellare.

La sera camminavano mano nella mano e la notte li sfiorava con la domanda, dove fare l'amore… sempre nei posti più insoliti. In spiaggia al chiaro di luna, addormentandosi dopo fino all'alba, con i capelli bagnati e immersi nella sabbia… o qualche mattino sul tardi in cucina prima di mangiare su un pavimento di marmo gelido, che si scaldava con il calore dei loro corpi.

Una sera, Linda si ricordò, avevano ascoltato la musica fino a tardi e discusso sul tema dei "Giochi Proibiti", anche se doveva inventarsi qualche scusa per la sua piccola ignoranza in materia. La lingua parlata non era poi tanto un problema, i dolci momenti passati insieme fluttuavano verso un dolce abbraccio in una tenerezza, che mirava solo alla conoscenza di due corpi e tanti sentimenti nuovi da scoprire, come se il fuoco dei loro corpi fosse più importante del fuoco che stava per ardere nel camino.

Quante notti avevano camminato insieme in riva al mare… Quante mattine anche avevano condiviso una brioche come se fosse rubare un' intimità proibita a entrambi.

Erano passati i giorni e le notti più calde della sua vita affettiva e senza che se ne fosse accorta, Linda si era scordata di telefonare a casa. Jean-Jacques ignaro del silenzio della mogliettina aveva preso l'aereo ed era venuto a trovarla. Lei non ha avuto il tempo di avvisare Giosuè, né di salutarlo e… la giovane coppia era tornata in Belgio e nessuno aveva più saputo dell'esistenza dell'altro. Linda non conosceva il suo vero nome e lui era ignaro che vivesse all'estero.

I "Giochi Proibiti" avevano lasciato i loro dolci suoni nel ricordo di una memoria e Linda piangeva per un amore forse mai dimenticato…

Si sentiva più valorizzata e più donna che mai.
Era stata importante per qualcuno e ammirata, come fosse stata la conchiglia più preziosa in fondo al mare.

5

Adesso dopo tanti, lunghissimi anni e… un ricordo rinchiuso nel cassetto, Linda non pensava più a Carlo, come quell'uomo che l'aveva ferita in questo momento.

Dentro il suo cuore sentiva una specie di compassione per un uomo che forse si stava lasciando andare troppo verso la sua solitudine e il suo mondo egocentrico. L'unica cosa che gli era rimasta. L'unica cosa per cui vivere. Come poteva spiegargli che ora le bastava il suo amore spirituale, che sarebbe stato sufficiente che lui la accarezzasse di sfuggito per farle capire che provava dei sentimenti per lei, non necessariamente il sesso.

Lei aveva comprensione per le sue difficoltà e capiva quanto era difficile per un uomo ammettere che la vita sessuale non poteva più essere quella di prima, ma non era per quello che la doveva far soffrire.

Non era per quello che doveva umiliarla ogni volta che si sentisse mancare quella voglia che ogni tanto sfiorava il suo cervello nel tentativo di accendere quel fuoco… chiamato passione.

Diverse volte Linda aveva notato come lui aveva guardato il suo seno di nascosto, come fosse un ragazzino beccato a rubare una caramella dal cassetto…

Mai gli aveva detto qualcosa, mai gli aveva fatto capire che ne era consapevole e che si sentiva anche lusingata, perché capiva con quel gesto delicato, di non essergli indifferente e forse… pensando adesso ai sentimenti provati e mai pronunciati, quanto potesse significare un dolce sguardo, di nascosto e quanto questi occhi potevano essere ricchi d'amore…

Linda non ci aveva mai pensato prima d'ora… ma adesso sì…

Come quella volte si ricordò, e adesso un sorriso le sfiorò sulla bocca, come quella volta una settimana fa che si era sdraiata sul suo letto, vestita con una camicetta semi-trasparente che con tanta attenzione fece travedere un bianco reggiseno, aveva dei pantaloni jeans e una gamba piegata verso di lei.

Carlo era uscito dal bagno e l'aveva guardata in un modo… e fissato con uno sguardo come solo l'uomo che ha voglia di fare l'amore lo riesce a fare… Lui non aveva detto niente… solo dopo un attimo di riflessione:

"Fai tardi perdi il treno!"… Lei aveva capito che la desiderava, ma il suo orgoglio gli aveva impedito un ulteriore tentativo, nella paura di essere meno importante per lei e forse… di naufragare.

Linda, anche se da ragazzina era stata sciocca e in cerca dell'uomo importante da sposare, il ragazzo ricco di quattrini per soddisfare le speranze della madre, capiva la delicatezza della situazione e quanto Carlo era diventato importante nella sua vita.

Forse non voleva ammetterlo a sé stessa e dopo l'ultimo sms l'aveva ferito nel suo orgoglio. Gli aveva espresso tutto il rancore che si era tenuto dentro gli ultimi due mesi, gli ultimi tentativi di fargli capire che avrebbe potuto amarla in un modo diverso… come si fa dopo una certa età e… che a lei non importava niente del vero sesso… o, almeno di quello che era rimasto. Le sarebbe stato sufficiente tenergli la mano e sentire quel leggero tocco sulla sua guancia in un momento inaspettato, in una dolcezza rubata al tempo, forse un momento magico da ricordare dopo… in un viaggio in treno, una pelle che avrebbe potuto arrossire pensando a un attimo di felicità… nemmeno quello!

Linda era di nuovo triste e si domandò che fine avesse fatto la sua chitarra e soprattutto che fine avessero fatto quei Giochi Proibiti… Una volta martellati nella sua mente, nel suo corpo di giovane donna, ancora immatura dopo le sofferenze di un matrimonio che sarebbe naufragato dopo.

6

I pensieri proibiti continuavano a prendere possesso dei ricordi che Linda credette fossero perduti nella sua anima.

Lorenzo, il figlio di Linda, suonava i "Giochi Proibiti" e senza fare attenzione a sua madre chiese:

"Mamma ti ricordi che canticchiavi sempre questa melodia quando ero un bambino? Hai visto sono riuscito anch'io a suonarla sulla chitarra, dai raccontami... chi te l'ha insegnata? Mica la tua amica Nini?"...

Vedendo sua madre triste e come ci fosse una lacrima negli occhi scuri di Linda... tentava di aggiungere:

"Ma ti manca così tanto la tua amica? Come mai non vi siete più sentite? È dalla mia cresima che non la vedo... anzi. No... che cosa dico! Dai era una battuta, lo sai... come mai da queste parti? Chiedile come sta Sabina? Per favore non fare la stronzetta adesso... da quand'è che non ci vediamo? Dai chiamala, che cosa aspetti?"

Linda sapeva che quando suo figlio si mettesse qualcosa in testa era difficile dissuaderlo.

La piccola stanza arredata, come l'era una volta, come studio sarebbe stato il luogo ideale per nascondersi e rifugiarsi nei suoi pensieri, pensò Linda.

Quanti ricordi… quanti anni trascorsi e quest'amore mai dimenticato. Ormai erano passati quasi venticinque anni e Linda si ricordava di Giosuè come fosse un incontro vissuto ieri…

Una calda primavera inoltrata e… un uomo incontrato per caso, lei abbandonata a sé stessa e lui… forse in cerca dell'amore della sua vita, di quella dolcezza, di quella sintonia che ci poteva essere fra un uomo solitario e una donna rinchiusa in sé stessa.

Senza accorgersene Lorenzo aveva avviato il computer e viaggiava su internet…

"Ma lo sai che la tua amica è diventata una scrittrice… guarda c'è anche la sua foto e, waoah!… è in compagnia di quel famoso chitarrista Giosuè Rodriguez!… Dai mamma vieni a vedere è una ripresa di alcuni giorni fa… vedi che ho fatto bene a pronunciare il suo nome, vedi che i miei presentimenti vanno sempre inseguiti!"

Linda non riusciva a credere quello che stava sentendo. Non poteva essere possibile, la sua migliore amica di una volta insieme a lui!

L'aveva riconosciuto… Non aveva più i capelli castani adesso. Giosuè… era proprio lui, non riusciva a vedere bene la foto… ma allora si chiama Rodriguez, pensò! Come ha fatto Nini a incontrarlo pensò Linda, con un briciolo di gelosia nel cuore!

Non erano passati nemmeno cinque minuti e uno squillo del telefono:

"Hoi, mi riconosci?... Dai dimmi di sì... sono la *madrina spirituale* di tuo figlio! Dai, ci vediamo? Sono a Bruxelles fra qualche giorno, e dai ci vediamo lì, tanto devi tornare a Bruxelles, lo so che devi accompagnare tuo figlio... ormai so tutto! Dai fannullona sbrigati a fare le valigie! Ho una voglia di vederti!... Dai ci vediamo non farti pregare come l'altra volta! Questa volta se non vieni, mi arrabbio lo sai!"...

Linda si svegliò bruscamente dai suoi pensieri e... con una frenetica corsa della lingua che stava per inciamparsi fra i denti... riusciva a stare zitta per non pronunciare il nome di Giosuè.

Che cosa avrebbe pensato Nini se ne avesse parlato al telefono e se avesse fatto una scena di gelosia, nata come fosse l'ennesimo vulcano in esplosione.

Linda sapeva che non doveva turbare Nini al telefono, sapeva che la sua amica odiava le polemiche stupide e fuori luogo! Sapeva che desiderasse un discorso intelligente, qualche volta infantile... tanto per non scordarsi del passato. Lei adorava la sua amica anche se non l'avesse mai dimostrato. Lei era cresciuta insieme a quella ragazza una volta timida e molto più alta di lei…

Non era il caso di menzionare la sua gelosia e Nini non faceva mai allusioni a questo fatto.

Linda invece, certe volte l'aveva ferita dicendo che si vestiva da suora, che doveva cambiare il suo look… che l'intelligenza non era tutta nella vita!

Con un sorriso sulla bocca si ricordava adesso la *faccia* e la *solita smorfietta* che aveva fatto Nini per far capire alla sua amica ingenua che lei era in cerca dell'amore romantico, quell'amore ideale che l'avrebbe resa speciale agli occhi del suo uomo.

Linda si ricordava come aveva guardato la sua amica, e con qualche ruga apparsa all'improvviso sulla fronte, pensava a quei momenti belli che Nini aveva conosciuto nella sua vita, ma anche a quei tanti momenti di desolazione e completo abbandono a sé stessa. La giovane donna sapeva che se lei fosse stata al suo posto non avrebbe retto la situazione e non avrebbe trovato una via d'uscita ai tantissimi problemi, con i quali Nini aveva dovuto combattere. Dopo tantissimi anni si erano ritrovate, Linda non si ricordava nemmeno in quale occasione… solo aveva visto Nini in piena forma, raggiante e all'inizio della sua carriera come scrittrice.

Adesso sì che le venne in mente, era al funerale di suo padre. Linda era nel cimitero a curare la tomba di famiglia e due file più avanti c'era una donna alta, con i capelli più sottili, ma sempre biondi e quel modo di camminare.

Quel leggero modo di dondolare, che aveva sempre fatto sorridere Linda, che le due ragazze avevano in comune… come se camminassero sulle uova.

All'inizio era stata una presa in giro della professoressa d'inglese, quella con il naso in su, anche lei aveva una camminata così.

La professoressa era molto bella ed elegante e aveva fatto gli studi in America. Dai loro sedici anni avevano iniziato a imitare quel leggero dondolio come fossero delle indossatrici all'inizio della loro carriera. Addirittura la professoressa ci aveva fatto una battuta sopra:

"Ragazze, volete imitarmi?… Allora mettete anche i tacchi alti!… Però state attente alle suore!"…

Sia Nini sia Linda si erano piegate in due dalle risate e… soprattutto dalla vergogna di essere scoperte dalla professoressa, con tanta paura di prendere anche un brutto voto in morale.

Gli occhi di Linda splendevano pensando a quel periodo, com'erano spensierate e forse entrambi felici!

Nessuna nuvola volava al cielo, nessun timore per un futuro… nessuna invidia, fino al giorno in cui Linda era rimasta bocciata e non fece più parte del loro gruppetto.

Lei si era sentita piena di vergogna, era andata sulla bocca di tutte per una storiella che aveva voluto creare per mettere un professore in imbarazzo, nell'ultimo tentativo di comprare l'esame in modo sensuale, seducendo i prof maschi!

Adesso Linda, mentre era seduta sul divano, ci fece una risata sopra... ma in quel periodo, quando stavano letteralmente sotto le leggi delle suore e senza libertà di vestirsi come volevano, la situazione non era per niente da ridere!

Quanto era bello quel periodo... ma quanta vergogna dopo, e l'anno successivo... quando rimase di nuovo bocciata. Alcuni anni dopo si erano incontrate all'università e c'era la storiella con Richard!...

Eh.... sì che si era divertita, e sì che allora Nini e Marleen l'avevano umiliata, forse è stato in quel giorno che era cresciuta? Che è diventata responsabile del suo avvenire? Linda non lo sapeva nemmeno lei.   Adesso pensandoci bene con la storiella di Giosuè?... No, di certo!   All'improvviso Linda riusciva a riprendersi nell'anima! No... quello era stato vero amore, alcuni giorni di grande passione... ma il vero amore forse della sua vita... o lo era Carlo?

Linda non sapeva nemmeno più che cosa pensare, certo con Carlo era diverso. Lui era un uomo di parole romantiche e passionali forse quando era giovane, ma adesso la stava letteralmente distruggendo nel suo modo di essere donna.

Lui la guardava, la osservava di nascosto, ma non le aveva mai più fatto un complimento. Linda si sentiva ingannata per l'ennesima volta, si sentiva stravolta come fosse rimasta schiacciata da una roccia che era caduta giù da una montagna gigantesca.

7

Lorenzo aveva visto sua madre sovrappensiero, da quando avevano fatto scalo a Bruxelles, ed era rimasto in silenzio fino all'arrivo nella loro casa di Mechelen.

"Dai che cosa aspetti? Vai dal parrucchiere… fai qualsiasi cosa ma muoviti! Non puoi mica stare lì seduta e aspettare finché Nini ti piombi davanti!… Che cosa hai in questi giorni, non ti conosco più!   Sbrigati! Così passiamo un attimo da Mc Donald's e mi paghi la scommessa!"…

Linda doveva sorridere per il carattere allegro di suo figlio. Sapeva che aveva notato la sua tristezza di questi giorni ed era consapevole che non era stata di gran compagnia. La sua musica l'aveva distratta, ma la sua mente continuava a essere in preda al panico per un fisico che credeva aver perso e per una serenità scomparsa!

Quanto l'ultimo incontro con Carlo l'aveva sconvolta, pensò tutto a un tratto. Lei che aveva fatto di tutto e quasi l'impossibile per farsi più attraente e per attirare la sua attenzione… invano!

Tutto l'amore che una volta aveva sentito nel suo cuore per lui si stava sgretolando dopo l'ultima offesa e dopo essersi ricordata che lui era il perdente in questa situazione… non lei!

Linda si era recata in camera e aveva scelto il vestito più *vamp* che si potesse immaginare. Dopo qualche commento e qualche smorfia di suo figlio… non poteva che ammetterlo, vestendosi così avrebbe solo *scombussolato* la buona opinione che Nini aveva adesso di lei, doveva vestirsi elegante e forse… pensandoci bene avrebbe incontrato, con qualche speranza, la *magia* del passato!…

Lorenzo aveva osservato sua madre…

"Di certo non ti capisco… che cosa hai in questi giorni? Perché certe volte ti metti a sorridere come una pazza come se ti stessi raccontando una barzelletta divertente da sola, e altri momenti cadi in una profonda malinconia?… Certo voi donne! Siete l'essere più complicato che Dio potesse creare! Ne avete sempre una!"…

Non so se Linda l'avesse guardato con un viso triste, o se ci fosse un po' di rancore nei suoi occhi…

"Scusami mamma… non volevo offenderti!"

La donna era consapevole dell'opinione di suo figlio e vedeva anche in quegli occhi quella luce che splendeva giorno dopo giorno e che le fece ricordare quel grande amore, di una vita persa in questi anni!   Entrambi erano usciti da casa e avevano imboccato l'autostrada per Bruxelles direzione Zaventem.

Si erano mangiati un fish burger e Lorenzo anche qualche cheese burger in più.

Linda l'aveva guardato perché non riuscì a capire come mai anche lui avesse le stesse abitudini sue. Ormai da quasi vent'anni prendevano sempre lo stesso menu... mai una variante, sempre uguale che fossero a Bruxelles, ad Amsterdam o in qualsiasi altro posto in Europa.

Certo, ci pensava adesso Linda, quanto era che non viaggiavano insieme madre e figlio, dopo il suo divorzio quasi venti anni fa.

Era stato quando Lorenzo stava male e aveva avuto bisogno di una trasfusione di sangue. Il marito, diventato un noto e stimato avvocato, non aveva il sangue compatibile con il figlio e si scoprì così che Lorenzo era stato il *frutto* di un amore proibito... Una scappatella, della quale solo Linda portava il segreto nel cuore e non aveva potuto condividere con nessuno! Nemmeno con Nini...

Pensandoci bene, adesso che stava aspettando la sua amica... forse lei l'aveva sempre saputo? Forse era per quello che Nini aveva accettato di diventare la madrina *spirituale* di suo figlio?

...

Certo... Nini non era mai stata un ficcanaso, non aveva mai fatto delle battute sulla sua vita privata in passato. Anzi certe volte le aveva anche dato un consiglio come quella volta con Kurt e dopo con Ezio…

No, pensandoci bene Ezio era prima e dopo aveva incontrato Kurt!

Quanta confusione pensò Linda adesso che c'era stata nella sua vita amorosa di una volta! Ma, era vero la donna, una volta divorziata, doveva badare a sé stessa, certo c'erano gli alimenti del marito, solo per lei, non per il piccolo *bastardo* di origine ignota!

Invano aveva cercato di convincere che ci potesse essere stato uno scambio! Inutile il marito aveva fatto le sue indagini, nessuno scambio c'era stato con le provette e addirittura si era sentito offeso per il modo poco naturale di concepimento… e si domandò allora come mai Linda era riuscita a rimanere incinta, nonostante loro ci avessero provato per degli anni, dieci lunghi anni.

Linda si ricordava che aveva *dovuto sposarsi,* era stato l'unico modo per incastrare il giovane ragazzo, avvocato promettente, aveva dovuto combattere con il futuro suocero e hups! La soluzione era arrivata e aveva funzionato, ma due mesi dopo il matrimonio aveva avuto un aborto spontaneo e non era più riuscita a rimanere incinta dopo.

Lorenzo vedeva la preoccupazione negli occhi di sua madre...
"Dai non pensare di iniziare un discorso filosofico con Nini

appena la vedi... lo sai che perdi! O forse vuoi farle delle domande sulla sua vita privata? Non farlo perché sarebbe peggio! Lasciala respirare almeno per le prime ore del suo arrivo...

Ci sarà tempo di fare due battibecchi in seguito! Mi ascolti?... Good?

Ma che cosa hai in questi giorni e... perché mi guardi da stamattina in questo modo come se vedessi un fantasma? Vabbene che non mi sono fatto la barba... è figo! A me piace così e anche alla mia ragazza... a proposito ti ho detto che mi sposo?"...

Linda non aveva avuto nessuna reazione ed era come se stesse cercando nella cupola di vetro dell'aeroporto una soluzione al suo problema del cuore, come cercasse quella luce forte, brillante, che aveva scolpito un diamante nella sua anima...

Lorenzo se n'era andato disgustato e arrabbiato per l'indifferenza di sua madre.

"Ma che cosa hai? Dove vai Lorenzo, che cosa hai detto? Ti sposi? Ma no... e quando l'hai deciso?"...

Lorenzo si era girato bruscamente e senza pensarci due volte aveva fatto l'ennesima battuta:

"Adesso, proprio in questo momento e se non ti dispiace... lasciami da solo devo riflettere con chi!"...

Si era voltato, Linda l'aveva guardato con stupore e sembrava che volesse mettersi a piangere. Non sapeva se suo figlio si era sentito offeso o se la stesse prendendo in giro.

Tutto a un tratto Lorenzo si fermò e con la testa girato leggermente verso di lei, con uno sguardo scuro come fosse un bufalo che sta per prendere la sua preda di mira... fece:

"Ma va, ci sei cascata? Sto scherzando! Dai volevo svegliarti dai tuoi problemi... dalle tue preoccupazioni, non farti vedere così da Nini perché altrimenti ti fa la battuta che uno non può riflettere se non ha un cervello!...

Dai, scherzo... lo sai che prima o poi te la farà questa battuta se tu fai un commento sul suo abbigliamento o sulle sue scarpe!... Preparati!... dai coraggio! È arrivata dai... Sbrigati! Diamo una mano a portare le valigie"...

Linda gli correva dietro con un tentativo inutile di rimanere in equilibrio sui suoi tacchi a spillo!

"Lorenzo aspettami, dai non mi dire che dovremo portare le sue valigie esistono dei carrelli lo sai! Non sono mica un facchino!"...

Il figlio, in quel preciso istante, aveva preso la sua mamma sotto braccio come fosse quella bambola piccola da proteggere che sembrava ogni tanto voler tornare indietro nell'infanzia, un periodo dal quale non si era mai staccato completamente.

Lui le voleva bene, com'era… con il suo modo di fare, le sue solite cose e tanta cura per l'aspetto fisico.

Lorenzo sentiva una musica lontano come fosse un sogno immaginato da sempre e mai compreso.

Era come fosse nato con la melodia dei "Giochi Proibiti" nel cuore, come la sua anima fosse nata fra una nota e l'altra e come se avesse iniziato a respirare con un cielo celeste, senza nuvole… su una spiaggia dorata, solo lui con la sua mamma e l'ombra di una musica che andava e veniva, come un dolce tocco di vento che sfiorava i capelli di un neonato ancora bagnato dal sudore della nascita.

Era così che Lorenzo si era immaginato il primo giorno della sua vita, lui era un romanticone di poche parole, un filosofo con mille domande e pensieri… Un osservatore come forse lo era suo vero padre.

Certe volte aveva cercato protezione fra le braccia di Nini perché si sentiva incompreso, forse per la sua intelligenza, forse per il suo modo di essere diverso da sua madre alla quale voleva un bene dell'anima, ma con la quale certe volte non riusciva a comunicare.

Con la sua madrina aveva un' intesa diversa, non ci volevano le parole per esprimersi, non ci voleva un discorso per capire i sentimenti del cuore e soprattutto con lei poteva discutere sul suo avvenire, come aveva fatto in passato e lei sarebbe rimasta in silenzio o forse dopo un po', canticchiando qualche canzone e alla fine avrebbero cantato insieme, finché uno di loro non avrebbe stonato per poi scoppiare in una risata insolita, come solo Nini era capace di fare.

Lui l'avrebbe poi guardata con gli occhi socchiusi come se aspettasse un rimprovero da quell'amica con la quale stava delle ore al telefono e discuteva anche dei problemi di cuore.

Lorenzo era felice di vederla e abbracciarla e sapeva che sua madre avrebbe accolto questo primo impatto con uno sguardo di *piccola* gelosia come se Nini in quel momento potesse rubare la loro intimità, un'intimità così importante fra madre e figlio.

Lorenzo sapeva che avrebbe abbracciato la sua mamma in quel momento che si sarebbe sentita superflua o forse lasciata da sola in preda ai suoi sentimenti e… sapeva che oggi non sarebbe stato il caso.

Lui correva su e giù sulla scala mobile nel tentativo di anticipare l'incontro con Nini, l'aveva aspettata troppo tempo e anche aveva sperato che non fosse sola, che non avrebbe lasciato quella ragazza adorabile a casa. Quella fanciulla che assomigliava così tanto a lei, gli stessi capelli ondulati biondi, molto più magra della sua madrina e un filino più alta.

Quanto amava questa ragazzina, ma mai aveva osato pronunciare una parola di dolcezza in un'occasione diversa, un attimo di solitudine all'arrivo e poi un secondo prima della partenza.

Lorenzo l'aveva aspettata in tutti questi anni, sempre parlando di lei al telefono con Nini, ma poche volte con Sabina... come fosse quel tocco proibito della giornata, dentro il suo cuore cresceva la stessa angoscia che sua madre aveva sentito qualche ora prima... e sperava solo di non dover affrontare l'argomento che Sabina fosse fidanzata o, peggio che si sarebbe sposata. Lorenzo l'aveva aspettata per dieci lunghi anni, no forse anche dodici.

Lui aveva rispettato i segreti della sua crescita come se la considerasse una rosa che doveva sbocciare. Aveva aspettato che vivesse le sue prime avventure senza intromettersi perché era troppo consapevole che la ragazzina assomigliava troppo a Nini, sua madre, che avrebbe dato più importanza allo studio che alla vita privata... e mai si era perso d'animo, sapeva che la sua attesa sarebbe stata più bella e lui sarebbe stato più maturo con una bella carriera davanti.

8

Lorenzo non si rendeva conto dell'affascinante momento che stava per arrivare. Nini non aveva rivelato che la figlia l'avrebbe accompagnata e come una figurina timida, Sabina spuntava fuori da dietro le spalle di sua madre. Trascinava dietro di sé una valigia enorme, che viaggiava su due ruotine che stavano per cedere da un momento all'altro.

Linda e Nini si erano abbracciate in modo meno affettuoso del solito, dicendo:

"Hai visto quei due!"…

Si erano messe a ridere come due fanciulle del liceo che avevano appena scoperto un professore baciare un'altra insegnante… di nascosto e agli occhi perplessi dell'intera classe.

Lorenzo e Sabina si guardavano negli occhi, lei molto più piccola di lui e lui che la teneva in un abbraccio forte e stretto, come se avesse avuto paura che quest'incontro non fosse mai avvenuto, come fosse stato un sogno proibito del quale solo lui fosse a conoscenza. Troppo tardi anche lui aveva capito che le due amiche avevano più segreti di quelli che si potesse immaginare e che la sua mamma era già al corrente di Sabina prima dell'atterraggio dell'aereo…

Lorenzo la guardava come per dire:

"Questo te la faccio pagare!"…

   ma le due donne, avevano troppo da fare e troppo da raccontarsi.

   Linda aveva paura di iniziare il discorso e le sembrò assai maleducato avviare una frase tale…

   "Come mai eri con Giosuè lo conosci… lo sai chi è? Te l'ho raccontato… ti ricordi una volta? Tuo marito che cosa ne dice?"…

   Ma non aveva pronunciato questa frase, solo pensato a quelle parole che le bruciavano sulla punta della lingua e che stavano per uscire arrotolandosi in una marea di guai!…

   Nini aveva guardato la sua amica, come se scoprisse un certo velo di mistero dal quale sembrava avvolgersi e del quale non voleva disfarsi.

   "Lo sai che sono stata a Malaga vero?"

   "No"… fece Linda…

   "Che cosa ci sei andata a fare?"

   "Dovevo presentare la traduzione del mio nuovo libro, pare che va a ruba!"

   "Ma dai? È solo da qualche anno che ti sei messa a scrivere… vedi che cosa ti abbiamo detto Marleen ed io? Che cosa ti avevano detto i professori? No, dare ascolto a noi? Mai… niente!"

   "E vai!"… fece Nini, pensando adesso ci siamo… adesso

dirà…

"Come fossimo delle stupidine alle quali non dare mai retta! Non hai ancora detto niente delle mie scarpe? Come mai?… Non mi dire che questa volte ti piacciono? Non ci credo affatto! E lo sai che ti dico me ne frego assai!"

"Caspiterina!" fece Linda…

"Non mi dire che ti sei data alla sofisticatezza?… Che discorso, che battuta spiritosa per noi ragazze, alla buona… dovresti dire me ne frego un cazzo!"

"Linda!"

fece Nini e riusciva a fermare la sua amica, spiritosa come sempre… ma questa volta un po' troppo esuberante ed esaltata in un aeroporto strapieno di gente che di sicuro non guardava le due donne che andavano verso i sessant'anni, anche se ne dimostravano nemmeno cinquanta!

"Oh… lo sai che dobbiamo festeggiare vero?"

"E… che cosa? Non mi dire che ti sei dimenticata del mio compleanno ma va!"

fece Nini…

"Se compi gli anni a dicembre! Nemmeno ci siamo!… Mancano ancora quattro mesi… che cosa stai delirando di nuovo… perbacco!"   "Ma dai, Nini non ti ricordi? Dobbiamo festeggiare l'anniversario dell'incontro con Ezio!

Ti ricordi quella persona saggia… quell'uomo dolce che mi hai fatto incontrare qualche anno dopo il mio divorzio… non mi dire che ti sei scordata?"

"No!"… Nini guardava la sua amica, era come se cadesse dalle nuvole.

"Ma non sai niente? Nessuno ti ha avvisato che Ezio… insomma"…   "Dai, che cosa? Dimmi? Che cosa c'è con Ezio… è qui? Dai dimmi dov'è che corro ad abbracciarlo!"

Dallo sguardo triste che Nini aveva negli occhi, Linda capì che quel grande signore, saggio, e molto paterno era deceduto alcuni giorni prima. La stampa italiana aveva dedicato quasi una pagina intera alla sua brillante carriera, ai viaggi diplomatici gli ultimi dieci anni della sua vita e… la carriera che aveva avuto a Bruxelles, una volta, più di vent'anni fa.

Linda si ricordava ancora come fosse ieri, il giorno in cui Nini glielo aveva presentato dicendo che la sua amica aveva bisogno di trovare un lavoro, che non le bastassero i soldi per il mantenimento di suo marito e che doveva distrarsi dalle troppe preoccupazioni, crescendo ormai Lorenzo da sola.

Quello che non aveva detto allora era che Nini aveva sperato che la sua amica, tanto frivola, avrebbe messo la testa a posto con lui e che avrebbe lasciato perdere il suo ristorantino di moules lungo il fiume di Gent.

Quante volte aveva fatto notare a Linda che questo poteva

essere un passatempo, ma non un lavoro *vero* e che a suo tempo suo marito non avrebbe dovuto permetterlo che si rendesse ridicola davanti a tutti. Tutte le ragazze del liceo avevano fatto una risatina sulla faccenda e nessuno avrebbe voluto essere al suo posto, anche se Linda dirigesse i lavori e non doveva mai sporcarsi le mani. Tutto il giorno nel vapore delle moules, che cuocevano a fuoco lento in attesa di vedere qualche cliente scavalcare la porta.

È vero il ristorantino era carino, assai di lusso… ma lei, la moglie di un avvocato, e anche famoso, doveva tenere di più al suo aspetto e stare di più vicino al marito, non dietro i suoi capricci e voler a tutti costi fare di testa sua nella speranza di incontrare magari un giorno l'amore della sua vita.

Carlo c'era passato una volta… è vero e l'avrebbe rivista più di trentacinque anni dopo… e aveva incontrato anche l'amante di suo marito alla fine della loro unione, con la tragica scoperta che Lorenzo non era figlio suo, ma il ricordo più bello di un'avventura durata troppo poco e mai dimenticata.

Quante volte aveva guardato la porta nella speranza magari di vedere lui entrare il suo ristorantino, nella speranza che anche lui possedesse una casa di vacanza in Spagna, ignara che era di puro sangue spagnolo. È vero, mai ci aveva pensato e mai aveva riflettuto su questa possibilità.

L'unica cosa che guardava, quando fissava quella porta, era un ricordo come fosse lo specchio vivente di un abbraccio dolce, durato mille minuti, forse una notte intera e che non aveva mai smesso di prendere la fine nella sua memoria. Sempre si sentiva quelle braccia forti attorno al suo corpo come fosse ieri, o il giorno prima o ancora... e mai finita! Come poteva finire quell'amore breve che era appena sbocciato, che non aveva avuto il tempo di crescere...

Linda si era resa conto troppo tardi che questi sogni la stavano letteralmente divorando e anche la buona reputazione della sua locanda.

Ben presto si trovò con il soprannome di *sognatrice* e le pettegole del paese copiavano questa battuta come fosse una donna frivola, che aveva fatto le corna al marito in un anno che la più parte delle donne si occupavano ancora a lavare i piatti, le pentole e roba varia e dicevano ancora:

"Sì maritino mio, no maritino mio... non ti tradirò mai, ti sarò sempre fedele",
anche se lui è il bufalo, o il toro più gigante del paese e si diverte a pascolare nei prati lontani da casa, preferibilmente con la nuova segretaria che deve sostituire quella vecchia zitella passata di moda.

Nini aveva guardato la sua amica che vagava di nuovo con le sue idee su chissà quale sfera sconosciuta e lontana da lei mille miglia…

"Hoi… ti ha scombussolato così la morte di Ezio? Lo so che era una brava persona, per me è stato come un padre e ti dico se non avessi avuto lui, mi domando se mai sarei cresciuta e se sarei diventata quella donna sicura, affermata come lo sono adesso!"

Linda… dopo un po'…

"Che cosa hai detto? Ezio chi… che cosa? Ma no! Non mi dire e quando è deceduto? Ma vai!"…

Nini sembrava perdere la pazienza e vedeva che la sua amica non era in sé oggi… Pensandoci bene non lo era mai stata nemmeno prima e diciamo la verità, non lo sarebbe mai, ma poi mai stata!

"Ah sì… mi spiace che Ezio è morto… lo sai che abbiamo fatto l'amore insieme?"

"Che cosa?" fece Nini…

"Che cosa hai fatto? Anche con lui?"

Sia Lorenzo sia Sabina si erano bruscamente svegliati dai loro pensieri con il fracasso delle due donne.

"Sì… non ho *mica* fatto niente di male, era un giorno come

un' altro. Mi sentivo sola, abbandonata… e vai!"

"Ma se era molto più grande di te! Poteva essere tuo padre!"

"Sì,"

fece Linda,

"ma non lo era… non sono *mica* andata a letto con mio padre, solo con Ezio e con"…

"Sssst… ti deve sentire Lorenzo? Ma non ti vergogni?"

"Di che cosa?"

fece Linda nell'ultimo tentativo di salvare l'atmosfera che si rendeva più che pesante…

"Dai parliamo di scarpe che è meglio!"

Lorenzo e Sabina stavano fissando le due amiche che fra poco si sarebbero messe a litigare per chissà che cosa…

"Va bene Nini ho fatto l'amore con lui, solo per un anno… *mica* tutti i giorni, ma che cosa pensi?

No… figurati, lui era sposato con il suo lavoro! Figurati se mi potesse concedere il suo tempo più di una volta la settimana!"…

"Ma, spero che tu stia scherzando vero?"

"No, è successo un giorno che siamo andati al cinema insieme"…   "Allora non stai scherzando? Siete andati al cinema insieme, poi scommetto anche al ristorante… che cosa avete fatto ancora?"

Linda che sembrava crescere in altezza man mano che la

discussione andasse avanti…

"Ti ho già detto quello che abbiamo fatto altro… l'amore! Vuoi *mica* dei particolari?"

Le due donne mature stavano andando in escandescenze nella *hall* dell'aeroporto, ci mancava solo che le persone inciampassero sulle loro valigie.

"Sì, allora visto che mi chiedi dei dettagli, l'abbiamo fatto in un ristorantino in Olanda… contenta adesso? Non era quello che volevi?"

Nini voleva buttarsi addosso a Linda per farla smettere, e come un flash le veniva in mente la scena con Richard, l'uomo che aveva sposato in seguito.

"Ma dai visto che mi hai detto A, mi devi raccontare anche il seguito!"

"Eh vai! Visto come sei sconcia… sono le tue frustrazioni che vengono a galla adesso. Tu l' *intelligenza* ma anche la *suora* della classe! Vai… sì l'abbiamo fatto in un ristorantino sotto la tovaglia!" La gente guardava entrambe le donne incredula alla scena che si stava svolgendo davanti a loro!…

"Ma non ti vergogni?… Ma che cosa si può fare sotto una tovaglia?"…

In fondo al gruppetto, che stava aspettando il controllo della dogana, un signore di una certa età fece la battuta:

"Ehi da che pianeta vieni? Vuoi che ti dica, io... che cosa si fa sotto la tovaglia? Hai *mica* visto Emanuela due?"...

Le due ragazzacce, ormai con qualche ruga sulla fronte, l'avevano guardato come se con lo sguardo avessero potuto ucciderlo perché si era intromesso. Linda era sul piede di guerra...

"Che cosa ha capito? Vizioso che è? Ho cercato il tovagliolo sotto la tovaglia che cosa credeva che avessi fatto?"...

Nini non poteva crederci... Mai aveva visto la sua amica così pronta a difendere la prima linea in contrattacco!

"Eh vai!... Visto che siamo rimaste uguali! Io ti posso aggredire... ma guai chi prova a farti qualche dispetto, non sei cambiata per niente!"

Le due donne si erano avviate verso l'uscita raccontandosi del più e del meno delle loro avventure negli ultimi mesi, e le preoccupazioni dell'ultimo anno e... con un vago sospetto. Una di loro guardava l'amica come se avesse dimenticato qualcuno all'aeroporto...

Non lo era né Lorenzo, né Sabina, entrambi erano seduti in macchina dietro, ma a Linda sembrava aver lasciato un ricordo da sviluppare nella hall dell'aeroporto, come fosse una musica lontana che suonava le prime note di un "Gioco Proibito" sulla chitarra.

9

Linda era esterrefatta, aveva ricevuto un messaggio da Carlo… più freddo di una doccia ghiacciata! Lei si era preoccupata per lui e aveva chiesto se desiderasse la sua presenza, perché non voleva *disturbare*.

"Voglio essere lasciato in santa pace! Ho la diarrea, vomito, ho mal di pancia e mal di testa… lasciami stare cazzo!"

Era stata la sua risposta!…

Linda non aveva mai sofferto così ingiustamente, voleva stare vicino all'uomo che amava di più di qualsiasi cosa al mondo, non era più un amore interessato come aveva provato durante la sua gioventù. Lei amava Carlo alla follia, ma lui continuava a umiliarla. Certe volte era anche meschino, come quando aveva offeso i suoi sentimenti quando aveva parlato di andare in ferie con lui, pensando che gli avrebbe fatto piacere e… questa volta avrebbe pagato lei!

Lui non aveva detto niente all'inizio. L'aveva solo guardata come se stesse tornando da chissà quale nuvola in tempesta. Una nuvola che doveva ancora decidere se mettersi a piovere o trasformarsi in una grandinata, ma una di quelle che avrebbe distrutto tutti i fiori dei giardini in estate!

Ormai Linda conosceva questo sguardo e sapeva che lo doveva lasciare in pace. Si ricordava troppo bene quella sera che era andata via, sconvolta dal suo atteggiamento sarcastico e tempestoso. Non sapeva nemmeno se mettersi a piangere o urlare tutta la rabbia che sentiva adesso prigioniera nel suo cuore.

Certe volte aveva addirittura pensato che lui lo facesse di proposito, che la feriva per non farla stare troppo male dopo… quando sarebbe morto!

Linda non osava e non voleva pensare a *quello*. Lei vedeva il suo avvenire al suo fianco; mano nella mano come avrebbero camminato lungo il mare, magari fermandosi di tanto in tanto su una panchina. Lei avrebbe respirato per lui… gli sarebbe stata vicina. Ma lui la respingeva bruscamente e altre volte sembrava stenderle la mano.   Linda era in preda al panico e non sapeva nemmeno più come reagire e, di nuovo, le veniva in mente quella notte che l'aveva respinta. E non era stata una commedia!

Lei era vicina a lui e dopo un po' lui aveva cominciato ad accarezzarla. Addirittura aveva iniziato a baciare il suo seno, un sentimento che non aveva più conosciuto da chissà quanto tempo e, doveva ammetterlo nella sua mente aveva sentito la musica dei "Giochi Proibiti", come quella musica fosse rimasta lì sepolta e aspettasse che qualcuno aprisse la porta della sua dimora.

Poi le sue mani avevano sfiorato le sue gambe… con dolcezza e aveva sfiorato la parte più intima del suo corpo. Lei stava per godere ma bruscamente si era girato… smettendo qualsiasi carezza, qualsiasi tocco piacevole. Lei l'aveva baciato a sua volta e aveva sentito che mormorava le parole:

"Ti amo… piccola mia"…

Linda gli aveva chiesto di ripeterlo e lui aveva sussurrato di nuovo: "Ti amo" …

Dopo non c'è stato più niente e lui aveva iniziato a negare tutto, dicendo che si era inventata il suo amore e Linda viveva nel dubbio che magari lui si fosse preso gioco di lei. Forse le smagliature sulla sua pancia gli avevano dato fastidio?… Ma poi si domandò come avrebbe potuto vederle, era buio, e mai lui l'aveva vista completamente spogliata, come avrebbe dovuto essere… come lei avrebbe voluto. Negli ultimi tempi la respingeva sempre di più e addirittura l'ultima volta aveva detto che non poteva darle quello che si aspettasse da lui. Linda era sempre stata dolce e attenta al suo riguardo, ma adesso si sentì usata, usata per la piccola società che aveva creato. Perché, ripensandoci bene, era convinta che Carlo fosse bruscamente cambiato nei suoi confronti alcuni mesi dopo la creazione della sua ONG e stranamente anche la sua salute si era deteriorata. Coincidenze?...

La donna non sapeva più come comportarsi e se avrebbe dovuto rispondere a un messaggio così offensivo: "di lasciarlo in santa pace"... non le andava di ripetere, figuriamoci di pensare al seguito!

Richard, l'aveva guardata com'era seduta sovrappensiero nell'angolo del divano. Sembrava un anatroccolo che aveva paura di uscire dal suo guscio.

"Dai non ti riconosco più... che cosa fai? Hai pene d'amore?"

Non avesse mai pronunciato queste parole. Una lacrima scendeva pian pianino dalle sue guance, era come avesse paura di sfiorare quella guancia vellutata, ancora truccata.

Nini aveva guardato quella sua strana amica e aveva notato quanto era cambiata. Linda era diventata una donna silenziosa, non più la chiacchierona di una volta. Lei era diventata una donna posata con dei pensieri quasi filosofici e addirittura aveva iniziato ad apprezzare la musica classica! Cosa molto strana per Linda, che era sempre stata la più pazza del gruppetto.

Lorenzo e Sabina erano abbracciati, l'uno all'altra, come fosse un tenero gioco d'intimità che non conosce più il mondo che li circonda.

Richard ascoltava la musica di Peer Gynt e... Linda sognava a occhi aperti e si domandava fino a che punto doveva o avrebbe dovuto sacrificarsi per un amore forse impossibile e non corrisposto. Di nuovo si domandò:

"Se lui ha voglia di respingermi... allora lo lascerò stare nella sua tana da ebreo errante, in un covo di solitudine! Niente per me..."

Quante volte aveva ascoltato la sua musica preferita, quante volte anche aveva suonato la chitarra... I suoi occhi erano più luminosi che mai e come Nini intuisse, i suoi ricordi...

"Dai Linda suonaci la chitarra, prendi quella di Sabina, dai Lorenzo anche tu!

Linda prese la chitarra in mano mentre le sue dita sfioravano le corde come fossero dei veri giochi proibiti, una carezza più che umana. I suoi capelli, sempre lunghi, avvolgevano le sue spalle come fossero un manto castano, una cascata di dolcezza che avrebbe fatto innamorare qualsiasi uomo di lei. Nini la guardava, quella piccola donna, ingrassata con gli anni, ma sembrava ancora quella ragazzina sexy che era una volta.

Richard fumava la sua pipa e la fissava. Nini si era seduta sulle sue ginocchia e lui le accarezzava il braccio con dolcezza. La studiava come osservava la sua amica e come entrambe le donne avessero gli occhi lucidi. Un ricordarsi dei tempi lontani, forse di momenti a lui sconosciuti... ignari al cuore.

Richard amava la sua piccola, grande donna… la sua Nini.

Lui l'aveva sposata alcuni anni dopo che aveva lasciato l'università e mai c'era stata una nuvola nel loro amore, mai aveva tradito quella donna tanto più giovane di lui, ma della quale era sempre stato innamorato.

Lui, un noto dermatologo e chirurgo plastico aveva avuto diverse occasioni per tradirla con tutte le donne che avevano frequentato il suo studio, ma mai gli era venuto in mente di tradire la fiducia che la sua piccolina aveva posto in lui, nemmeno con Linda!

Era come Nini potesse leggere i suoi pensieri e guardandolo, com'era seduto vicino a lei e quella sensazione magica che sentiva con le sue carezze, lo baciava senza fare attenzione alla sua amica che suonava un'aria adesso più triste che mai, come se i suoi "Giochi Proibiti" avessero un significato diverso adesso.

Come fosse una malinconia di tempi remoti, ricordi del passato che sfioravano alla superficie di un lago abbandonato a due passi da un mare in tempesta. I cigni che galleggiavano, come fossero delle piccole barche ormeggiate nel porto, non disturbavano il silenzio delle note che volavano con il vento verso quel mare che voleva una tempesta di carezze. Un mare che odiava il silenzio di una notte troppo calda. Una notte insolita su una spiaggia deserta e… che protestava finché le sue onde non baciavano la riva dove due innamorati facevano l'amore, con la passione del fuoco di una primavera appena bocciata.

Linda sembrava baciare la sua chitarra, il dolce tocco delle sue dita era come la carezza di un corpo amato e anche suo figlio aveva notato la differenza che cresceva sempre di più nell'anima di sua madre.

Sabina e Lorenzo la guardavano. La osservavano come fosse in trance e forse non realizzasse più di essere ospite in una casa diversa, una casa che conosceva il silenzio dell'amore e la felicità del cuore.

Linda non voleva… non poteva più pensare a Carlo. Aveva sofferto troppo negli ultimi giorni, anzi forse anche negli ultimi mesi.

Non voleva più pensare a quando era iniziato questo tormento. Voleva liberarsi di tutta la negatività che le stava soffocando qualsiasi pensiero felice, qualsiasi gesto dolce che avrebbe voluto inventare ma che rimaneva bloccato, come fosse un atto di estrema violenza che andava fermato prima di nascere. I suoi sentimenti erano dolci, la sua gioia immensa… il suo cuore grande. Un cuore che aveva bisogno di essere amato per quella piccola donna che era e per quella grande donna che avrebbe voluto essere per il suo uomo. Voleva conoscere ancora tutta la magia di un tempo. Un ricordo vissuto troppi anni fa, ma che l'aveva resa tanto felice!

Le sue mani si erano fermate come fosse un pensiero che le stava sfuggendo. I ragazzi e Richard l'avevano guardata come stesse tornando da un pianeta proibito. Nini aveva abbracciato la sua amica, in un gesto semplice com'era seduta lì con la chitarra in mano.

Nini aveva avvolto la sua amica con le sue braccia e la dondolava e coccolava come se le due donne sentissero ancora la magia di questa musica.

Le note dei "Giochi Proibiti" continuavano a suonare nella loro mente e nella loro anima e Nini sussurrava:

"So, Linda, so cosa e a chi stai pensando…"

Linda sembrava una ragazzina indifesa e ci fu silenzio in un momento pieno di magia...

10

La mattina presto le due donne erano uscite per fare un po' di shopping; niente di particolare solo due sciocchezze per passare la mattinata in un *dolce far niente* e lasciar sfuggire le loro anime in piacevoli ricordi, assai infantili e con la leggerezza di una brezza primaverile.

La città di Mechelen era piacevole da camminare. Non c'erano più le vetrine di una volta. La strada principale era chiusa al traffico e solo la corriera passava di tanto in tanto.

Linda e Nini si erano sedute nella terrazza della solita taverna e avevano mangiato una Dame Blanche e la gaufre di Bruxelles con tanta panna montata e le fragole. Una sicccheria pensò Linda che non aveva più assaggiato da troppo tempo!

Nini non voleva che Linda andasse a casa sua, quell'alloggio dove tornava di tanto in tanto quando rientrava dall'Italia e nemmeno Lorenzo sembrava averne voglia. Forse troppi ricordi avevano pitturato l'ambiente dell'interno. Nini non lo sapeva e non voleva chiederlo a Linda.

C'era tempo, non aveva nessuna fretta, doveva stare vicino alla sua amica e insieme a Richard avevano deciso di prendersi due settimane di ferie per starle accanto, forse anche per fare un tentativo nell' aiutarla a mettere ordine nei suoi pensieri, che sembravano turbarla troppo.

Le due *ragazze* avevano passato un pomeriggio passeggiando nel piccolo zoo di Planckendael. Gli orsetti lavatori avevano riacceso quel fuoco che sembrava spegnersi in continuazione nel cuore di Linda. Addirittura aveva apprezzato la battuta di humour nero della sua amica …

"Linda, lo sai perché si chiamano orsetti lavatori?"

"No", aveva detto Linda…

"Perché se si chiamassero orsetti lavatrici, si venderebbero nei negozi di elettrodomestici"… dopo un po'…

"Ti ricordi vero le nostre barzellette delle talpe?"

Linda si era messa a correre strillando:

"No, Nini risparmiami quelle barzellette! Dai non siamo più a scuola!"

Nini le urlava dietro:

"Hai paura vero di non conoscere la risposta!… Ne conosco una nuova!" Bruscamente Linda si fermò…

"Allora dimmelo se è qualcosa di carino e di originale!"…

"Lo sai perché le talpe lasciano le loro biciclette in terra? No? … Perché non hanno trovato un posticino per parcheggiarle?…

Lo sai che ti faccio impazzire vero? Anche Richard mi prende sempre in giro per quello!"...

Linda si era fermata di fronte alla gabbia delle scimmie, facendo una battuta con un vago ricordo di nostalgia...

"Ti ricordi cosa disse Ezio su queste scimmie vero? Guarda quelle con il sedere rosso!"

"Sì" fece Nini... Le sue *mandrille*..." e le due ragazze si misero a ridere, come se quel ricordo evocasse una nostalgia profonda con una cicatrice ancora aperta.

Solo adesso Linda si resa veramente conto della morte di quel grande uomo che le aveva insegnato l'arte di vivere e di resistere alle intemperie del destino. Lui era stato come un padre per lei e poi, forse anche l'amante più focoso che avrebbe potuto immaginarsi se non avesse dovuto condividerlo con il suo lavoro!

Linda pensava con tristezza e con una piccola smorfia attorno alla bocca a tutte quelle notti in cui Ezio l'aveva svegliata, come fosse stata la cosa più naturale di questo mondo. Lui non aveva nessuna nozione del tempo e se ne fregava altamente di svegliarla in piena notte, come se volesse decidere l'andamento della luna e lo svegliarsi del sole all'alba.

Ezio era un uomo senza limiti di tempo, senza confini reali. Era come volesse cambiare la magia del tempo in continuazione, come fosse un aereo che riesce a scombussolare il fuso orario dell'America con quello del Giappone e... se avesse potuto, avrebbe chiesto alla luna di non apparire mai in cielo. La sua vita era il lavoro e... il *lavoro* il suo destino da contemplare.

All'improvviso svegliava Linda in piena notte e voleva che lavorasse per lui, che gli scrivesse il riassunto dei suoi viaggi, e altre volte la svegliava come fosse in preda al panico per un dolore sentito al petto, e allora voleva sfogare la sua mascolinità su una piccola donna, che poteva essere sua figlia, in una presa d'amore, a lui tanto insolito.

Le due ragazze si erano guardate e avevano condiviso un dolce rispetto per un grande uomo che aveva sfiorato le loro vite in modo diverso, ma che aveva lasciato la sua impronta sicura e determinata.

Un uomo da ricordare per sempre e custodito nel silenzio del cuore.

11

Un silenzio profondo annegava il cuore di Linda. Lorenzo aveva capito che la sua mamma era contenta di aver ritrovato l' amica di vecchia data.

Con l'aria preoccupata la guardava come si sentisse responsabile del suo disagio, di non esserci stato quando era tornata a casa triste quella sera… Lui si sentiva come una specie di vergogna addosso per non esserle stata vicino nei suoi sentimenti dolorosi, che sembravano soffocarla adesso e dai quali non riusciva a liberarsi.

Come un soffio di vento i suoi pensieri andavano verso quella solitudine che percepiva troppo bene. Quante volte non aveva capito, anche a distanza, quando la sua *piccola* mammina stava male. Non era un dolore fisico, ma quel sentimento pesante che trafigge il cuore prima di spezzarlo per sempre da un amore non corrisposto.

Lorenzo conosceva bene questi sentimenti, era stato innamorato anche lui e Linda era stata la migliore amica in quel momento di piccola tragedia della gioventù.

Nini aveva visto la tristezza accarezzare il dolce viso di

Lorenzo che assomigliava così tanto alla sua mamma in certi momenti e si ricordava bene quel viso e le smorfiette che una volta avevano nascosto i dolori dell'anima di Linda.

"Dai rimani a casa… la tua mamma non ha bisogno di te adesso, stai vicino a Sabina… per una volta che siete insieme. Lasciami da sola ti prego con la mia amica, noi donne risolviamo i nostri problemi in modo diverso, dammi retta!"

Nini aveva congedato Lorenzo perché l'argomento che sarebbe venuto in discussione, non era di sicuro un discorso da affrontare senza riflessione e chissà che cosa avrebbe ancora scoperto sul passato della sua amica.

Si domandò se Linda fosse stata sincera, quella volta, se avesse raccontato la storia com'era andata veramente e… se ci fosse stato anche un altro amore nella sua vita a parte Jean-Jacques, suo marito, e Giosuè.

Le due donne camminavano mano nella mano sui viali del parco di Mechelen.

"Ti ricordi Nini il tuo salice piangente… chissà quanti anni avrà?"

Nini senza riflettere un attimo fece la battuta… come se stesse parlando del compleanno di un parente:

"Avrà sì e no ottant'anni. Era bello robusto quando io ero ancora piccola, e visto che noi ci avviciniamo ai sessanta"…

Linda guardava la sua amica, scoppiando in una folle risata come se i suoi nervi si sciogliessero all'improvviso.

Nini la guardava…

"Ma sei matta? Sei impazzita?… Sei completamente pazza! La mia storia con il *mio* salice è una cosa commovente, non è da ridere… Non sono come"…

Linda a un tratto rimasi in silenzio e voleva andarsene in fretta.

"Che *stronza* sei! Solo dei sentimenti del tuo passato si può parlare vero… ed i miei? Non sono *mica* sempre stata quella farfalla leggera come pensavate voi! Ho camminato sulle orme di mia sorella che cosa dovevo fare? Mia madre non c'era mai. La tua almeno c'era, anche se non vi parlavate!"

Ci fu un silenzio inedito… entrambe avevano le lacrime agli occhi. Nini aveva avuto un passato molto doloroso e Linda era cresciuta come fosse una farfalla spensierata, che doveva volare da un albero all'altro senza fermarsi, alla continua ricerca dei petali più grossi e più appariscenti… E lei, da piccola farfalla, si era ustionata le ali…

"Scusami Linda, non volevo ferirti, ma sai eri così frivola, così diversa da noi altre ragazze del collegio. Nessuna di noi osava truccarsi, figurati e a te nessuna suora ti diceva niente! Noi eravamo innamorate dei nostri libri, dei nostri sogni e del nostro futuro… tu?

Non l'abbiamo mai capito, sei sempre stata una piccola vamp, non c'era niente di male! A proposito non puoi dire sempre *mica* è brutto, lo sai!"

"Scusami… Nini, è Carlo che parla sempre così… l'avrò imparato da lui?"…

Ci fu una piccola tregua e dopo un breve silenzio:

"A proposito con Richard ci hai provato quel giorno, mai mi sono osata chiederglielo? Dai? Dimmelo… avete fatto qualcosa quel giorno?"

"Figurati! Se io mi sarei messa con tuo marito! Figurati! Lui era già innamorato di te prima che andassi all'università e mai te ne sei accorta! Gallinella che eri… pensavi solo allo studio e mai a quel medico affascinante che frequentava casa tua! Ma avevi proprio i piselli negli occhi lo sai!"

Nini scoppiò in una risata…

"Non si dice avere i piselli negli occhi al massimo la m…" …

Le due donne erano esaltate al massimo e andavano in escandescenza per il fracasso che facevano nel parco, sedute sotto il salice robusto di Nini, l'amico della sua infanzia.

Le due amiche, sofisticate e certe volte con il nasino in su, ridevano come due fanciulle scatenate e si stavano divertendo un mondo fino a che una sorpresa non scese dall'albero…

Un uccellino aveva mangiato troppo e il suo apparato digerente non aveva retto quel cibo abbondante di piccoli moscerini e vermetti di cui il salice era tanto ricco!
La guancia di Linda era coperta da una schifezza incredibile!…

"Dai ti porterà fortuna!"
Fece Nini.

Linda non sapeva più cosa fare, ridere o piangere, e con un disagio mai provato nella sua vita, ricca di profumi, smalti e rossetti, guardava la sua amica con un'espressione di una bimba che vede una bambola gigante più alta di lei.

Questa volta era stravolta e… Nini non poté fare altro che pensare come mai nessun uccellino l'avesse sporcata in precedenza, tutte le volte che si era sdraiata sotto il suo migliore amico e, si domandò se questa non fosse una piccola vendetta di una storiella del passato, mai dimenticata e rinchiusa nello scrigno dell' infelicità…

12

La vita continua e anche gli uccellini vanno e vengono e svolazzano da un albero all'altro. I passerotti sono i più allegri, poi ci sono le rondini che sono maestose e sicure di sé. È come il loro unico desiderio fosse sfiorare un cielo immenso, dalla primavera all'inizio di settembre. Come se le loro ali fossero dei deltaplani che volano libere senza energie altrui, solo con il dondolare del vento che accarezza le loro ali.

Quanto sono dolci, quanto Nini adorava queste piccole creature, la gioia di un'esistenza e la felicità del futuro.

Linda guardava la sua amica e sapeva che stava pensando a una poesia, invece di nutrirsi in modo decente e dedicarsi allo stomaco che protestava per il digiuno.

Nini non era più quella ragazza insicura di una volta, era diventata una donna elegante. Certo meno sofisticata di Linda, ma con una disinvoltura nata al suo carattere. Certe volte vivendo in un sogno come stesse camminando su una nuvola e altre volte decisa come se volesse evitare le prime gocce di una tempesta in arrivo.

Era così il suo carattere e ormai diceva quello che pensasse senza fare mille storie. Linda aveva iniziato ad apprezzare questo lato sconosciuto del suo carattere.

Prima erano due amiche, certe volte in conflitto per gli studi o un ragazzo, ma adesso ciascuna aveva il suo territorio, dei gusti diversi sia nell'abbigliamento sia per quello che riguardava gli uomini.

A Nini piacevano gli uomini posati, alti con area da filosofi e dolci con uno sguardo lontano come se cercassero di penetrarle nell'anima. Invece a Linda piacevano gli uomini più grandi di lei una volta, come stesse cercando un istinto paterno perso prima del dovuto, o forse mai conosciuto in realtà. E... quella volta quel ragazzo, anzi quel bell'uomo tanto disinvolto, con una muscolatura da mozzafiato e stravolgente nel fare l'amore, che per Linda poteva durare un secolo intero... non si sarebbe mai stancata!

Le ragazze si erano avvicinate verso il ristorantino del parco vicino al campo da tennis. Nini si era voltata. Era come volesse salutare il suo amico salice con un occhio sfuggente e come se le dispiacesse di non aver mangiato un panino sotto le ali della sua protezione.

Linda non conosceva il mondo dei sogni in cui viveva Nini e avrebbe aspettato l'edizione del suo nuovo libro per scoprirlo.

La sua amica aveva mantenuto il segreto…

Linda si era seduta al tavolino com'era solita fare.

Non era cambiata in niente, nonostante fossero passati quarant'anni dalla famosa *seduta* nella macchina di Richard. Aveva alzato la gonna in un gesto insolito come se avesse piacere nel contatto della fredda panchina con le sue chiappe nude. Nini non poteva trattenere una risata vedendola agire in questo modo.

"Non sei proprio cambiata per niente!… Fai sempre gli stessi gesti e… mi domando che cosa fai quando porti una gonna stretta… Non è che te la tiri su vero?"

Linda la guardò come fosse rimasta perplessa di questa domanda stupida e nello stesso tempo ingenua.

"Ma per chi mi prendi? Per la puttanella del paese? Ma hoi?… Mi hai mai visto fare che cosa? Ha!… Dici che mi sono tirata su la gonna? Ma non ti sei accorta che la panchina non era tanto pulita? Vuoi che vada in giro con la gonna macchiata dietro? Vuoi che la gente mi rida in faccia?"…

Nini faceva fatica a controllarsi e stringeva i denti per non scoppiare dalle risate.

"Ma allora preferisci avere le chiappette sporche? È quello che vorresti dire?"

Le due si erano guardate come due bambine che erano state

beccate a rubare le ciliegie nel giardino del vicino!…

"Ma come si poteva fare?… A proposito"…
fece Nini…

"Non ti ho mai vista con dei pantaloni. Ma tu li porti?"

"Certo… penso d'inverno non mi ricordo. Non come si faceva una volta dalle suore con la gonnellino sopra! Ti ricordi? Che bei tempi… quei tempi antichi!"

"Sì, come se fossimo dei greci o dei romani vero?"

"Ma dai"…
fece Linda…

"Non così antichi… Cerca di capirmi, non sono mica quell'oca che pensavi una volta. Mi sono impegnata, ho studiato musica lo sai, ho studiato un po' di letteratura quando ho lasciato Jean-Jacques. Non pensavi per caso che sarei stata tutta la mia vita a *custodire le moules?*"

"Abbiamo superato i nostri problemi in modo diverso… tranquilla! Vai!…"
e continuavano a ridere sulle piccole battute stupide che solo due ragazzine di un collegio di suore potevano fare.

Era come un ricordo che spuntava fuori all'improvviso, contento di respirare una boccata d'aria…

Le due donne si divertirono un mondo a raccontarsi gli aneddoti del loro passato, un passato certe volte conosciuto e qualche volta nascosto dietro un velo di piccola vergogna, anche se le due *ragazze* adesso erano diventate amiche per la pelle.

13

Nini osservava la sua amica... È vero, Linda era diventata una donna strana, certe volte la vedeva spensierata e altre volte come fosse in preda a un'angoscia sconosciuta che travolgesse la sua anima.

Nini e Richard avevano osservato la donna avvolta da un velo quasi misterioso, come fosse colta dal panico e si trovasse sull'orlo di un burrone e non sapesse se lasciarsi andare o fermarsi all'ultimo.

Linda aveva un legame fortissimo con suo figlio, era come se questo ragazzo fosse la sua ancora di salvezza, ma adesso non sapeva a chi aggrapparsi.

Il silenzio che la divideva certe volte da Lorenzo era come un'atmosfera magica che non si sa se sarebbe affondata in un profondo silenzio o in un pianto doloroso.

A diverse riprese Sabina aveva notato che il ragazzo fissava la sua mamma, come fosse preoccupato per una cosa ignota…

Era come riuscisse a percepire quel sentimento che lei voleva a tutti i costi nascondere nel suo cuore.

Linda fissava il chiaro di luna attraverso la finestra del soggiorno che dava sul bellissimo giardino di Nini. Le stelle circondavano la cresta di un vecchio abete che sembrava volesse nascondere la sua ombra nell'oscurità della notte. La sua sagoma era allineata da quel poco chiaro che faceva apparire la luna attraverso una nuvola, indecisa se rimanere in cortese riposo nel rispetto della notte o lasciar piangere le gocce di un'anima triste, come quella di Linda.

Gli occhi della *ragazza* erano lucidi, certe volte, e altre volte socchiuse come se ascoltasse una melodia nota solo a un vecchio ricordo di troppi anni fa. La sua vita non era mai stata uguale dopo, non dopo il divorzio con Jean-Jacques. Linda aveva cercato di salvare il suo matrimonio a tutti i costi.

È vero, Linda aveva fatto un matrimonio d'interesse, ma alla fine era riuscita ad amare quell'avvocato serio che si faceva sempre mille problemi di qualsiasi sciocchezza della vita, qualsiasi problema insormontabile e quasi dell'aria inquinata che respirasse.

Aveva aperto il ristorante insieme a lui, nel suo tempo libero e… prima che lui si dedicasse alle *pazze avventure* con qualsiasi donna (s)conosciuta a un congresso.

Lei lo sapeva dall'inizio, ma solo una volta aveva cercato una consolazione, quella volta che era scappata di casa e aveva incontrato Giosuè.

Quanto era lontano quell'anno di pazza gioia, di un desiderio irrefrenabile e di un amore mai dimenticato nella sua vita in tutti questi lunghissimi anni... troppi anni!

Linda piangeva al dolce ricordo guardando come Lorenzo assomigliava a suo padre naturale. Era dolce quanto lui, era bello quanto lui... e suo figlio le voleva bene forse ancora di più di quello che Giosuè ne sarebbe mai stato capace.

Dove erano i ricordi di Carlo adesso? Dove erano quegli ultimi mesi passati nella vergogna di sentirsi donna, nell'umiliazione di qualsiasi cosa che avesse fatto per quell'uomo al quale aveva voluto un bene dell'anima!

Richard sembrava aver percepito un dolore mai espresso e con uno sguardo alla moglie, prometteva a Linda di fare un'indagine approfondita sulle attività di quell'uomo *sconosciuto* che aveva fatto firmare a Linda un documento che l'aveva impegnata in una storia non tanta chiara.

Richard non aveva espresso la sua opinione con voce alta, ma Nini aveva capito dal suo sguardo che l'intera storia non l'avesse convinto. A lui sembrava che quel *santo* di un Carlo si sentisse male solo quando aveva Linda in sua prossimità e che riusciva a sentirsi meglio dopo averla ingannata, e adesso stesse cercando qualsiasi scusa per allontanare la donna. Una donna che si era innamorata di lui e che lui aveva respinto bruscamente.

E poi, come fosse un dolciume preso ogni tanto per quietare la sua anima e per farla stare *buona*, forse per la paura che Linda avrebbe continuato le sue ricerche, come già aveva deciso di fare lo scorso mese di febbraio!

Di nuovo l'aveva ingannata con la scusa di voler convivere con la donna, le aveva teso una trappola, per vedere la sua reazione e forse per indurla a intestare metà della proprietà a lui.

Linda aveva sentito parlare della storia che Carlo aveva avuto tanti anni fa con la donna di un noto industriale italiano e, la faccenda non l'aveva convinta per niente. Lei era consapevole che aveva ingannato anche quella donna, approfittando della debolezza del suo carattere o forse nel tentativo di appropriarsi del suo patrimonio? No!…

"Lasciamo perdere",
pensò Linda,

"è una storia passata e non saprò mai la verità, se no… andando a parlare con l'illustre sconosciuto, ricco industriale"…

Richard aveva percepito quella smorfietta strana attorno alla bocca di Linda.

"So a che cosa stai pensando! Perché non lo fai… non è normale che un uomo *consumi* tre donne, e che non abbia nessun rapporto felice con nessuno dei suoi quattro figli! Figuriamoci nemmeno con i sette fratelli!

Non esiste, che razza di egoista è?... Mi sembra solo un piccolo farabutto, che vive soltanto fregando la gente e approfittando di donne *innamorate* come te! Tieni gli occhi aperti Linda!... Vai a parlare con una di loro, vedrai che scoprirai la verità!... Ho già deciso, ho un amico finanziere in Italia, farò fare delle ricerche, qualsiasi società Onlus deve rispettare le regole, figuriamoci soprattutto se vivono con i soldi della Comunità Europea! E poi se è come dici tu, chi *regala* certi diplomi! Anche se si tratta di funzionari statali! Vorrei vedere!... Qui da noi non funziona così e so benissimo nemmeno in Italia. Lui non può dettare legge come pare a lui piaccia fare.

I certificati linguistici sono controllati e lo devono essere anche per gli statali, soprattutto se sono loro che devono insegnare l'inglese ai nostri figli! Vedrai che lo faccio cantare!..."

Linda, con una piccola voce:

"Ma lui non dorme di notte. Dici che ha la coscienza sporca nei miei confronti? Dici che è per questo che non riesce a dormire? Con tutti quei sonniferi che prende, dovrebbe addormentarsi come un bue!... Io dormirei per una settimana intera. Poi se vedessi le schifezze che mangia... mi viene il voltastomaco se ci penso!"...

Nonostante i suoi amici fossero preoccupati per la *ragazza inesperta,* il trio si mise a ridere per quest'ultima battuta di Linda, come fosse un filo di speranza nel buio più pesto del cielo!

14

Richard stava ascoltando la musica classica e fece una battuta alla quale non avrebbe mai pensato di ricevere una risposta:

"Ti piace questa musica? Cos'è una suonata di Mozart?"…

Lui guardava Linda con la pipa in bocca e la osservava con quel solito sguardo da filosofo inconsolabile:

"Ma che cosa dici è la Mondscheinsonate di Beethoven. Non dirmi che non la conosci."

Richard guardava la mogliettina…

"Hai visto la nostra fanciulla sa anche distinguere un compositore dall'altro… non solo la marca dei suoi slip come quando è salita in macchina!"

Lorenzo che non aveva mai sentito pronunciare questa storia, guardava il trio come cadesse giù da un pianeta lontano. Soltanto Sabina rideva e nascondeva il viso dietro le sue mani snelle, nella paura che Lorenzo scoprisse un segreto che doveva rimanere custodito nello scrigno del suo cuore.

Linda con le guance arrossate, come se avesse bevuto un'intera bottiglia di champagne, fece l'impossibile per deviare il discorso e far scivolare la battutina su un altro argomento.

"Niente Lorenzo, era il fratello di Nini che una volta mi aveva preso in giro vicino alla Porta di Mechelen, eravamo giovani e c'erano anche Richard e Nini. Era saltato l'elastico delle mie mutandine e mio fratello aveva chiamato un poliziotto per attirare l'attenzione su di me... nient'altro!"...

Richard prese il giornale e si nascose dietro le pagine enormi, mentre Nini si girava bruscamente per non far travedere che doveva trattenersi a non piegarsi in due dalle risate. Linda ridacchiava un po' per la vergogna, un po' per la situazione deviata all'ultimo momento, come fosse un temporale che aveva deciso di cambiare rotta e sfogare la sua rabbia focosa su un'altra cittadina. Magari più vicina al mare... tanto per accontentare un mare in tempesta... forse come lui...

La serata trascorreva al dolce ricordo dei tempi perduti come fosse l'inno di un incanto melodico che si sente in mezzo alle montagne e lontano, molto lontano dalle città, un dolce preludio. Una melodia scritta per innamorarsi, "I Giochi Proibiti"...

15

Linda non riusciva a dormire quella notte…

Si domandò se era perché aveva rievocato i vecchi ricordi del passato o lo era per il suo cuore infranto. Non voleva disturbare i suoi amici e si era seduta nel bellissimo giardino illuminato con dei lampioni romantici.

Linda si guardò attorno e pensava…

"Solo Nini riesce a creare un'atmosfera magica di questo genere"… C'erano dei lampioni stile orientale come in una favola e davanti come se ci fosse una farfalla gigantesca, tutta colorata, i colori preferiti della sua amica… un tempo, la sua rivale.

Linda si avvicinava verso quella farfalla, che sembrava fosse uscita da una fiaba di mille e una notte. Era tutta colorata di giallo con dei puntini marrone chiaro e scuro, come fossero delle trecce di un alberello che crescevano sulle ali della farfalla. La piccola testa del finto animaletto era molto scura, quasi nera e sulla punta delle piccole antenne c'era una pallina verde opaca con dei puntini che, visti da lontano, sembravano dei piccoli fori. I due occhi sui lati erano colorati blu scuro e se Linda guardasse bene, poteva distinguere delle piccole palpebre nere. Mai la donna aveva visto una creazione immaginaria come questa.

Le ali inferiori erano color crema con i lati dipinti marrone scuro che davano alla farfalla un aspetto quasi vivo, come se volesse sbattere quelle piccole ali e staccarsi dallo strano bonsai.

Linda rimase incantata e non sapeva come la sua amica fosse riuscita a rendere quel giardino insolito come fosse una delle sue poesie, certe volte difficili da capire, ma piene di sentimento e amore.

Linda si era seduta sulla sdraio e aveva ascoltato l'Adagio di Massenet.

I suoi occhi erano tristi dalla stanchezza e forse dal troppo dolore. Aveva tenuto il volume del recorder assai basso, ma Nini si era svegliata ugualmente.

"Che cosa ti succede? Dove è rimasta quella ragazzaccia sicura di sé che ci stendeva tutte per la sua bellezza?"

"Ma ché!"

fece Linda.

"Se sapessi, quanto io ti ho invidiata perché eri alta, snella, forse più di me e per i tuoi capelli biondi ondulati, poi… forse non ti rendevi conto, ma avevi due occhi che facevano incantare tutti i professori incluso… lo sai vero chi voglio dire!"

"Ma dai! Figurati, ed io che credevo sempre di essere il brutto anatroccolo della classe, con i miei brufoli… con i miei modi da ragazzaccio."

"Ma dai! Eri così fino ai tuoi quindici anni, ma non ti sei mai accorta che Jacqueline non ti sopportava più perché era invidiosa di te?”

Le due donne si misero a ridere…

“Che bei tempi! Vero… Erano troppo belli e anche se avevamo dei problemi, alla fine facevamo quello che volevamo, eravamo spensierate! Ti ricordi?”

“Sì… è vero”…
fece Nini, con lo sguardo pensieroso.

“Però non abbiamo mai realizzato il nostro sogno di diventare due ballerine famose? Ti ricordi quando avevamo nove anni? Ti ricordi vero? Danzavamo sulle punte dei piedi finché sanguinavano perché non avevamo le nostre scarpette da ballerine. Tu eri stata respinta perché eri troppo piccola ed io forse perché sarei diventata troppo alta!… Che tristezza vero!”

“Senti questa musica… ti ricordi?”

Le due donne si misero a danzare in camicia da notte, Linda con un pigiamino assai buffo e Nini con il solito disegno di un orsacchiotto sul davanti. Facevano i passi come stessero danzando, non pensando di svegliare l’intera famiglia con il loro fracasso.

Lorenzo e Sabina erano nascosti dietro la porta vetrata della veranda e Richard, che nemmeno in questo momento riusciva a staccarsi dalla sua vecchia pipa, guardava la mogliettina come il primo giorno che si era innamorato di lei, quel giorno che l'aveva seguito nel suo studio. Si ricordava benissimo…

Nini aveva appena diciotto anni e lui già ventotto. Non era ancora quel famoso dermatologo, ma aveva un carattere perseverante e il coraggio di aspettare anche in amore.

Aveva avuto le sue avventure, come no!…

Forse la storiella più seria era stata con una giovane professoressa di ginnastica.

Mai Nini l'aveva chiesto, a lei non importava, non era gelosa e diverse volte Richard l'aveva presa in giro dicendo:

"Ma ti fidi così ciecamente di me? Non t'importa niente che vado a un congresso da solo?"…

Lei con le sue solite battute:

"Vuoi che ti accompagni per controllarti o per fare l'amore con me? Allora dimmi a questo punto stiamo a casa e ci chiudiamo per quattro giorni nella nostra camera da letto, o nel salotto… dove vuoi tu, amore mio, e risparmiamo sul viaggio e possiamo rotolarci finché vogliamo! Basta che non rimanga ogni volta incinta!"…

Nini si prendeva gioco di lui e lui accarezzava ogni volta, quando la stuzzicava, i suoi capelli biondi quasi color paglia, il suo viso leggermente arrossito dopo una battuta del genere e lei? Lei rideva e cercava di stuzzicarlo nel disperato tentativo di buttarlo giù in terra in un abbraccio focoso… ma mai ci riusciva… mai!

Lui era troppo alto e forse troppo forte per la sua mogliettina, ma anche tanto innamorato da stringerla forte nelle braccia, come fosse quella bambina sua per sempre e che amava ogni giorno di più, come fosse il giorno del loro primo bacio, quel lontano giorno di tanti anni fa...

16

Linda aveva osservato Richard e aveva notato il grande amore che brillava come un fuoco intenso nei suoi occhi.

Lei diventava triste e come fosse presa da una specie di panico, le mancava il respiro dopo un dolore fortissimo al petto. Richard l'aveva osservata…

"Che cosa hai? Come mai sei così silenziosa, stai poco bene? Fatti vedere!"

Aveva misurato la sua pressione…

"Certo se stai sveglia di notte, come puoi essere in forma durante il giorno. Da quando è che hai dei problemi di circolazione? Ho visto che hai avuto una flebite… Quanto tempo fa è successo? Ti stai curando?"…

E continuava… Linda diventava sempre più agitata e nervosa…

"Ma che rompipalle tuo marito Nini! Meno male che ce l'hai tu fra i piedi!"…

Tutto a un tratto era crollata in un forte pianto singhiozzando, come fosse un uccellino in preda alla disperazione perché non riesce più a trovare il suo piccolo nido.

Sembrava cadesse e continuasse a cadere fino al momento di arrivare in un precipizio dal quale non riusciva più a uscire, finché l'oscurità della notte non fece tornare quel tormento, che solo un cuore abbandonato riesce a sentire…

"Ma che cazzo ti ha fatto quello stronzo!"

Richard non riusciva più a trattenersi.

"Vorrei vedere, prendersela con una donna così ingenua, ma buona come te!"

"No… per favore lascia stare!"
fece Linda, non fargli niente.

"Lui è malato, ha dei problemi respiratori non può difendersi fisicamente!"…

"Eh no! Vorrei vedere se quello gli dà il diritto di distruggerti. Di distruggere tutto quello in cui credi, di mettere la tua sicurezza in pericolo! Dopo di quello che hai dovuto passare crescendo tuo figlio da sola! Stai a vedere come lo sistemo io! Gli faccio mancare io il respiro! Vedrai… domani chiamerò il mio amico finanziere in Italia! Vediamo se l'uccellino non canta e se osa ancora dirti: *Non sono cazzi tuoi…* quando cerchi di prenderti cura di lui! Vorrei proprio vedere se lascio trattare l'amica di mia moglie così!"

"Basta! Adesso basta! Andiamo dormire, parlo ancora un attimo con Linda, ci prendiamo una bella camomilla e poi torniamo a letto!"

Lorenzo era rimasto in silenzio, Sabina lo coccolava, non sapendo che cosa fare in questa situazione di forte disaggio.

Aveva confidenza con Linda, ma non al punto tale da abbracciarla e forse di intromettersi in una questione di *persone molto più grandi di lei*!…

Richard e i ragazzi si erano guardati una videocassetta nello studio e avevano lasciato le due amiche, ormai inseparabili, alle loro chiacchiere e confidenze.

"Lin… posso farti una domanda indiscreta?"

"Certo… perché no"!

"Dimmi che cosa hai fatto di sbagliato con Carlo, non riesco a capire. Non vorrei essere troppo indiscreta, ma vorrei capire meglio."

"L'ultima volta sono andata da lui, mi sono vestita in modo carino e mi ha chiesto di fargli un massaggio, io gli ho massaggiato la schiena, l'ho accarezzato con dolcezza e sembrava che gli piacesse… Ma poi mi ha respinto bruscamente come se io avessi una malattia contagiosa e mi ha ferita. Non volevo fare l'amore con lui ti giuro, avrei voluto che mi avesse accarezzata sì… questo è vero. Avrei voluto che mi avesse baciata come quel giorno prima di Natale, ma poi avevo paura che subito dopo avrebbe detto di nuovo *quei piccoli baci schifosi*! A me sembravano tanto dolci, tanto teneri e mi avevano fatto innamorare ancora di più di lui. Figurati! Non puoi immaginare quanto mi manca, quanto vorrei sentire di nuovo le sue dolci mani sul mio corpo! Vedessi che belle mani ha ancora, sembrano le mani di Chopin”…

Nini non sapeva cosa rispondere, guardava la sua amica triste che non sembrava riuscire a trovare consolazione nelle sue parole.

“Hoi!… ma quando hai visto le mani di Chopin? Lo sai che è morto da centosessanta’ anni!”…

Linda, con gli occhi pieni di lacrime guardava la sua amica con occhi increduli:

“Ma che *cacchio* dici! Brutta *stronzetta*… mi stai prendendo in giro! Beccati questo! Beccati quest’altro”…

Tirava un cuscino dopo l’altro in faccia a Nini che ogni volta s’inclinava per evitare il colpo secco…

Nessuno era andato a dormire quella notte e le due donne, che avevano bevuto la camomilla prima di accanirsi l’una contro l’altra, avevano passato la giornata successiva come due sonnambule che non riuscivano nemmeno a gustare la carne alla brace del barbecue.

Richard e Lorenzo le guardavano come sembrassero due libellule che erano dispiaciute di non aver trovato un laghetto nel quale rinfrescare le proprie ali.

Le due amiche si erano addormentate abbracciate sul divano

della veranda, ignorando il fracasso di due ragazzi che s'innamoravano sempre di più giorno dopo giorno…

17

La musica del pianoforte aveva svegliato Linda dai suoi pensieri…

"Stai a vedere che impazzisco!" disse a Nini.

"Ovunque vada, qualsiasi cosa faccia sento adesso i suoni di una musica proibita, come fosse la mia anima che sta cercando un rifugio"…

"Hé, Nini che fine ha fatto Kurt? Ti ricordi quell'uomo romantico che mi faceva la corte!… ti ricordi vero? Di dove era? Di Kitzbuhel? No, non credo non era di Monaco?

"Che ne so io Linda?" disse Nini innervosita…

"Sei tu che ci sei uscita, non io!"…

"Non è il caso che t'innervosisci per così poco! Lo sai che ho sempre avuto un'attrazione per gli uomini più grandi di me! È colpa di mio padre, lo sai… Se avesse dato più attenzione alle sue figlie, né io né mio sorella avremmo avuto questi problemi. Dovresti saperlo anche tu che bella sensazione è, sentirsi abbracciata da braccia forti che ti tengono strette… anche senza fare l'amore.

Quell'abbraccio tenero che t'infonde tanta sicurezza, tanto calore, che sembra riesce a scioglierti e lasciarti andare in un sonno profondo dal quale è difficile svegliarsi.

Ma lo sai che una volta abbiamo passato le ferie insieme? Siamo andati a sciare a Kitzbuhel... Sì adesso mi ricordo. Era bello! Nell'albergo più lussuoso, mai abbiamo fatto l'amore. Lui aveva tanti anni più di me, forse anche venti... Non m'importava, mi sentivo bene e protetta e gli piacevo veramente. Era così fine, così romantico... così galante. Un vero gentiluomo pronto a sacrificarsi per me e inseguire tutti i miei capricci, se veramente avessi voluto. Che stupida sono stata! Che sciocca! Avrei avuto una vita ricchissima, lui era un pezzo grosso della M***, non l'ho mai più rivisto"...

"Perché? Come mai? Che cosa era successo?... Non mi ricordo più, anzi come faccio a ricordarmelo, non ci frequentavamo nemmeno in quel periodo!"

"Sì è vero",

fece Linda ...

"Non ci parlavamo nemmeno... Ti ricordi? Non mi avevi nemmeno invitata al tuo matrimonio! A proposito, di che cosa avevi paura? Adesso me lo potresti anche dire!... Avevi paura che ti fregassi Richard in quel momento? Che quel giorno avrei detto che aspettavo un figlio da lui? Ti ricordi vero... era in quel periodo lì”…

“Tu eri incinta?”…

“Non me lo ricordo più so che avevo abortito… ma quello è una storia che vorrei dimenticare, è sempre doloroso per una donna subire un aborto spontaneo anche se era di Jean-Jacques. Avevo iniziato ad amarlo, nonostante tutto, aveva i suoi piccoli pregi… a parte il bel portafoglio gonfio!”…

Ci fu silenzio… Le due amiche si erano guardate come se ci fosse la carne sulla brace e nessuna di loro due osasse toccarla…

Avevano sfiorato un tasto doloroso ed era un argomento troppo difficile da mettere in discussione. Nini sapeva troppo bene, che una parola, un verso sbagliato in questa circostanza avrebbe fatto più male che bene. Linda aveva bisogno di ritrovare la pace interna, di essere in equilibrio con sé stessa, di dimenticare i brutti momenti delle ultime settimane e forse anche degli ultimi mesi!…

Guardava la sua amica e continuava a studiarla per vedere se riuscisse a notare un sentimento di malinconia in questi occhi scuri, certe volte come la notte e altre volte più chiari, come fosse una castagna appena caduta dall’albero fuori dal suo guscio…

Linda non aveva dato importanza alla bella relazione che

sarebbe potuto nascere con Kurt. Avrebbe potuto avere una vita facile, ricca di attenzioni, protezione e quello di cui aveva bisogno; è questo che il suo piccolo cuore riusciva a captare, ma lei aveva preferito inseguire il proprio destino lontano da Jean-Jacques, lontano da Ezio... Kurt e anche da quell'ambasciatore galante e bello che le aveva chiesto di sposarlo.

Quanto era diventata strana la sua amica, lo doveva ammettere Nini. C'era voluto parecchio tempo perché Linda rimettesse la testa a posto... e si domandava quanto avesse sofferto per la storia di Giosuè e pensava se fosse il caso che ne parlasse per scoprire se provasse ancora dei sentimenti per questo uomo misterioso, che èra apparso all'improvviso e scomparso ancora più in fretta!...

Nini guardava la sua amica come avesse paura che quella donna, fragile adesso, potesse crollare da un momento all'altro.

Senza fare attenzione alla sua reazione, senza badare agli occhi con lo sguardo lontano, come se stessero misurando la distanza fra un continente e l'altro, Nini le aveva fatto la domanda:

"Lorenzo lo sa?"...

"Che cosa?"...

"Tu lo sai benissimo, non guardarmi in questo modo spaventoso... anche Richard lo sa. Non ti ricordi? E' stato lui

che ti aveva accompagnata in ospedale quando Lorenzo aveva
avuto bisogno della trasfusione di sangue.

Non ti ricordi più che il gruppo di sangue di tuo marito non
era compatibile, e lo sai che uno scambio nella culla non poteva
esserci stato! Avevi una camera di lusso ed eri l'unica ad aver
partorito in quella settimana.

Caspita come eri viziata una volta! Nemmeno per partorire
hai voluto andare in una maternità normale, tutto doveva essere
di prima scelta!... Ti ricordi?"...

"Ma la vuoi smettere di prendermi in giro per quello che
facevo e non facevo! Tu lo sai che odiavo i dolori, pensavo di
soffrire meno in una clinica di lusso, invece... Ti ricordi che ti
ho quasi morsicato la mano dal dolore! Ti ricordi i calci che
avevo dato a Jean-Jacques, ci mancava ancora che prendessi a
pugni il medico!... E lui, quello scimmione, diceva che soffrivo
di più perché avevo fatto troppa ginnastica! Che stupido! Meno
male che poi è arrivato Richard!"...   "Dai Linda! Ma la vuoi
smettere di tirare sempre in ballo mio marito!"...

"Vedi che sei gelosa! Vedi tutte le donne sono gelose, quando
si tratta di due amiche belle!... Pensi davvero che non mi fossi
accorta che anche Jean-Jacques ti guardava? Lui ti ammirava per
la tua intelligenza e poi... ti prendeva in giro alle tue spalle per

quegli occhiali da vista che ti eri comprata… ti ricordi? Ma non potevi prenderne un altro paio invece di quelli brutti da anni cinquanta? Sembravi Mary Poppins!"…

"Vai! e sì che ci siamo! Possibile che non possiamo mai parlare del nostro passato in modo serio senza tirar in ballo tutti i nostri contrasti? Possibile che dobbiamo punzecchiarci ancora come quarant'anni fa?… Non siamo più adolescenti adesso!"…

Linda dopo un po'…

"Eh no?… Dici da vero? Ma mi hai guardata bene? A parte quei lividi che ho ogni tanto sulle gambe, sono ancora bella lo sai? E tu con qualche rughetta… Stai meglio adesso!… Anzi sei più simpatica adesso! Mio Dio, quella faccia che facevi prima quando alzavi gli occhi dietro quei libri enormi che ti piacevano così tanto in biblioteca.

Non sono mai riuscita a capire se ci studiavi sopra o se facessi finta!…

Forse per attirare l'attenzione di qualche ragazzo dell'università? Ma dimmi un po' che cosa c'era di così interessante in quei vecchi libri enormi della biblioteca di Lovanio? Perché mi sorridi adesso?"…

"Lo sai che sei una lagna vero! A parte gli scherzi… Ma lo sai che lo facevo di proposito!"

"Come?"

“Sì non ti ricordi che non potevamo scegliere noi quei libri?”

“Sì, certo che mi ricordo e allora?”…

“Lo facevo di proposito per vedere la brutta smorfia… la faccia del bibliotecario!

Che ridere!… Prendevo la schedina, controllavo i numeri e poi guardavo da dove provenivano i libri. Poi facevo i calcoli per scoprire approssimativamente dove si trovavano quei libroni e dopo”…

“Sì e poi? Che cosa facevi?”…

“Riuscivo a scoprire di che materia si trattasse, erano dei tempi di Erasmo da Rotterdam.”

“Ma dai… erano così antichi quei libri?”

“Eh vai… ci siamo! Ma lo sai o fai finta di esserlo… Lasciamo perdere! Ma no, sciocchina… Trattavano gli scritti antichi e lo studio dei filosofi e i primi trattati di psicanalisi”…

“Che barba”

fece Linda…

“Ma lo sai che eri veramente da buttare via tu con i tuoi studi e Marleen, voi due con quelle facce serie. Avrei scommesso che sareste diventate due zitelle, invece no! Tu di sicuro no!… Sei stata fortunata con Richard, poi avete una figlia stupenda!”

“Sì… dai non vuoi sapere come è finito con quei libri enormi? …

Allora, io ordinavo uno per volta sulla fiche della biblioteca, il bibliotecario metteva la schedina in un piccolo rullo, che cadeva in un foro e via!… Il libro enorme doveva seguire la stessa strada, anzi viaggiava su dei mini ascensori, studiati apposta per i libri, e poi l'espressione di quell'anziano bibliotecario!

Che non riusciva quasi a sollevare il libro… Ti ricordi adesso? Lui aveva sempre problemi con la sciatica! Non dirmi che non ti ricordi!"…

"Sì! È vero, a parte il fatto che non era poi tanto vecchio aveva appena quarantacinque anni! Eravamo noi che trovavamo tutte le persone dai quarant'anni in su vecchie! Anzi non ti ricordi la battuta che ti facessi sempre su Richard! Sposi un vecchietto!"…

"Dai adesso tu mi dici questo, gironzolavi sempre con quelli di trenta anni più di te!"

"Certo, ma mi sono sposata uno giovane, quattro anni più di me non erano poi così tanto!… Che tempi! Che bei tempi davvero!"…

Linda sembrò felice quando pensava al suo passato e quando riusciva a sorridere con disinvoltura, come non ci fosse più quella nube di pioggia di nome Carlo nel cielo.

Le due donne avevano divagato sul discorso del padre naturale di Lorenzo, e Nini doveva scoprire se Linda fosse ancora innamorata di Giosuè…

18

Quando la vita è vivere come in un sogno le note di una dolce sinfonia suonano il romanticismo del cuore, ma se riusciamo solo ad apprezzare la cruda realtà di questo mondo, allora ci domandiamo qual è, e quale sarà il nostro destino.

Linda si stava facendo mille domande e nel suo cuore sentiva quella profonda cicatrice, come fosse una ferita di ieri. Non sapeva come affrontare il discorso con Lorenzo, e nemmeno fino a che punto Nini fosse al corrente di tutta la situazione.

Si era alzata con un forte mal di testa, era come fosse stata travolta da un temporale in piena estate, o una forte grandinata avesse colpito la sua mente per ricordarle goccia dopo goccia tutti i momenti stupendi passati insieme a Giosuè Rodriguez. Adesso sapeva come si chiamava e non era sicura di avere il coraggio e la possibilità di cercarlo.

Come poteva dire a Nini che le sembrava di aver sentito la sua presenza quel giorno in aeroporto. Come poteva raccontare i suoi sentimenti senza essere presa per ridicola?

Voleva così tanto abbracciare suo figlio e dirgli quello che era successo.

Che tanto tempo fa era scappata da casa dopo l'ennesimo litigio e la sua grande voglia di rimanere incinta dell'uomo che amava.

È vero era riuscita ad amare Jean-Jacques, ma le mancava quel fuoco intenso che fa vivere l'amore nel cuore. Non aveva bisogno di un altro nubifragio per svegliarsi bruscamente e aveva così tanta paura che suo figlio non avrebbe capito, che se ne sarebbe andato... chissà dove!

Si domandò se Richard fosse al corrente della situazione. Lui sì che era un uomo di poche parole, lui doveva mantenere il segreto professionale.

Ma, come poteva dire Linda quello che era successo? Nemmeno lei sapeva il giorno in cui Lorenzo era nato chi fosse il vero padre... fino al momento dell'incidente.

Era stata una cosa troppo travolgente. Una cosa che aveva scosso tutta la famiglia e pian pianino questa notizia l'aveva costretta a lasciare suo marito. Il padre di Jean-Jacques non voleva che suo figlio venisse preso in giro. Man mano Lorenzo crescesse aveva sempre di più quell'aspetto latino, anche se poteva averlo ereditato da sua nonna, lei era spagnola.

Linda non riusciva a vivere nella menzogna, non poteva rinnegare più quell'amore travolgente e passionale del suo passato.

Una sensazione che non aveva mai provato con Jean-Jacques, anche se lui facesse del suo meglio... non poteva mai essere uguale.

Quella passione le mancava troppo, si sentiva come un fiore che rimaneva sulla sponda di un fiume tanto desideroso di essere annaffiato dall'acqua, ma nessuno pensava a lei e si sentiva abbandonata, pian pianino si spegneva quel fuoco bellissimo che scaldava il suo cuore, come quella dolce acqua di cui quel fiore avesse tanto bisogno.

Linda non riusciva vivere senza essere amata, senza essere apprezzata per quella piccola donna che era e che voleva rimanere, anche dopo i suoi sessant'anni!

Carlo non era riuscito a capirla... E si domandò per quale motivo lei avrebbe dovuto aspettare fino al giorno in cui lui si sarebbe reso conto che esistesse per lui... magari fra qualche mese o alla fine dell'anno, quando di nuovo avrebbe avuto bisogno della sua firma!

No grazie! Pensò... Questa volta non mi faccio prendere in giro. Questa volta mi difenderò e graffierò con tutta la forza delle mie unghie, fino al punto che capirà chi sono veramente! Una donna con dei veri sentimenti, non un vaso che si prende per spostare chissà dove e far vedere come una coppa dopo una gara vinta con successo!

Non capì per quale motivo Carlo tenesse alla sua foto, messa in mostra senza cornice nel soggiorno, come fosse quella conquista stupenda che era riuscito a fare. Quella donna che era innamorata di lui e di cui poteva disporre a volontà quando e come volesse!

No… questa volta Linda non si sarebbe più fatta prendere in giro, doveva combattere per il suo amore e Lorenzo avrebbe capito.

Lui le assomigliava troppo per non capire, lui era suo figlio. Doveva capire a tutti i costi… Doveva ragionare com'era andata la situazione, che non aveva avuto altra scelta. Tutto sommato lei era rimasta con lui, l'aveva cresciuto da sola in tutti questi quasi vent'anni.

Linda era orgogliosa di suo figlio e degli studi che aveva fatto e di tutto quello che loro due avevano realizzato nella loro vita. Non sarebbe stata una *canzone* da suonare con facilità su una chitarra lei lo sapeva. Sarebbe stato come un preludio, un dolce canto che veniva direttamente dal cuore. Un messaggio per fargli capire come e in che modo si era innamorata di suo padre naturale, Giosuè…

Che era come se fosse stata portata via dal vento in un paradiso sconosciuto e lui era lì ad aspettarla. Con il suono della sua Traumerei, alla quale non poteva resistere e avrebbe raccontato che si era subito sentita attratta da lui come se i loro due corpi, anzi le loro due anime, fossero state destinate l'una all'altra dal primo giorno della loro nascita.

Era come se lei l'avesse sempre saputo. Non poteva essere in modo diverso, altrimenti lui l'avrebbe respinta… se no! Lorenzo era il frutto di questo grande amore, un sentimento travolgente che non conosceva limiti nei tempi e non l'avrebbe mai conosciuto.

Di nuovo Linda sentì quella profonda fitta al cuore, come fosse un piccolo campanello che suonasse per dirle:

"Stai attenta stai giocando con il fuoco!"...

Pensava che fosse dovuto allo stress, ma il suo viso pallido preoccupava sia Richard sia Nini che la osservavano con attenzione.

"Linda aspetta ancora qualche giorno poi lo racconteremo insieme.

Io sono la sua madrina, mi capirà, certe volte è meglio sentire com'era suo padre davvero. Forse ascoltando un disco... forse capirà sentendo i "Giochi Proibiti". O vuoi aspettare che Rodriguez venga a suonare per il suo pubblico... ma quando?"

"Allora era vero che era in aeroporto insieme a te Nini? Perché non mi hai detto niente? Lui lo sa? Lui ti conosce?"...

"Sì Linda, non solo aveva visto una tua foto, abbiamo parlato insieme dopo la mia conferenza a Malaga. Lui mi ha raccontato che una volta aveva incontrato una donna stupenda, assai piccola con un aspetto spagnolo... Era convinto che non avessi preso la storia con serietà, che eri stata una ragazza troppo sofisticata, dopo aver visto la vostra villa, posso anche capirlo! Lui in quei tempi non era ancora un musicista affermato. Lo è diventato grazie al vostro grande amore di quel giorno. Mi ha chiesto se volessi parlargli di te e l'ho fatto.

Ho raccontato che avevi un figlio. Ho visto una luce spegnersi nei suoi occhi, ma quando ho detto quanti anni Lorenzo aveva, mi ha domandato in che giorno era nato…

Ha avuto un dubbio, ma ha capito prima di te quanto era grande il suo dovere nei confronti di questo ragazzo che avevi cresciuto per più di cinque anni prima di sapere chi era il suo vero padre.

Sembrava che Giosuè l'avesse sempre saputo. Lo sai che cosa mi ha detto?"

"No? Mi ha confessato che dopo che te ne sei andata via, gli è sembrato che gli mancasse il respiro, che gli mancasse la voglia di vivere, che sentisse nel suo cuore dei piccoli passi e che non riuscisse a concludere se era solo un sogno o se in qualche parte del mondo c'era un bambino piccolo che faceva veramente i suoi primi passi su una spiaggia estesa vicino all'oceano.

Lui era riuscito a sentire la sua presenza, come tu in tutta la tua vita hai sempre sentito il suono dei "Giochi Proibiti"… fino all'altro giorno quando hai capito che era veramente la sua musica.

Gli steward gli avevano chiesto di suonare qualcosa, che loro non avevano la possibilità di andare al suo concerto e lui ha suonato per tutti i passeggeri, che provenivano da Malaga e la Costa d'Avorio.

È magico Giosuè, Linda lo devi capire, è un uomo eccezionale non ci vogliono le parole per descriverlo. È una persona dolce, invecchiato da quando tu l'hai lasciato, ma così tenero.

Si è mai sposato… mai! Si è sempre dedicato alla sua musica e Linda, credimi diventerai felice con lui, come lo sono io con Richard…

Lorenzo stava ascoltando dietro la porta socchiusa.

"Con chi la mamma diventerà felice?… Non mi dire che torneremo domani a Torino, sto bene dove sono adesso!

Dai mamma ci prendiamo una casa più grande vicino a Nini e rimaniamo qua. Ho finito l'università, forse se Richard vuole, mi può dare una mano ad avviare il mio studio di dentista o forse potrei andare al conservatorio, mi piace suonare lo sai!

Dai non farti pregare mammina!"…

19

I ricordi sono belli quando sono liberi da qualsiasi dolore di un amore incompreso…

Linda non poté fare altro che pensare e ripensare a Carlo...

Come poteva dimenticare quest'uomo da un giorno all'altro. Quel grande amore che aveva provato una volta per Giosuè sembrava rispecchiarsi quando aveva incontrato lui, ma pensandoci bene non era stata la stessa cosa, perché mai avevano avuto un vero rapporto sessuale, nel vero senso della parola. Carlo non ne era più capace ed era troppo orgoglioso per ammetterlo.

Linda pensava di nuovo a quelle parole che aveva pronunciato la prima volta che si erano incontrati...

"Ho subito un abuso da parte del prete di Boom, quando ero giovane. Lui ci toccava con la scusa di portarci al cinema. Eravamo bambini chi di noi avrebbe mai pensato di denunciarlo. Non l'ho nemmeno raccontato ai miei!"

Linda si era domandata se magari fosse per quello che avesse tanti problemi di salute. Magari la sua psiche non era più in grado di elaborare il passato e quella brutta esperienza forse continuava a inseguirlo dappertutto.

Forse era per quello che non riuscisse a fare l'amore con lei?

... Pensandoci bene ogni volta che Linda si era presa cura di lui, aveva fatto delle battute cattive come:

"Non ho bisogno di una seconda madre" e ...

"Sono cresciuto senza sentimenti!"…

Forse lui ne aveva avuto bisogno di quei sentimenti quando era ancora un bambino piccolo.

Quando loro erano giovani, forse ancora di più ai tempi di Carlo che aveva comunque sei anni più di lei, non si poteva denunciare un abuso sessuale… figuriamoci da parte di un prete!

Si ricordò anche la prima volta. Lui aveva chiesto a Linda se non avesse subito un abuso sessuale da parte del decano della scuola.   Linda l'aveva guardato incredula a questa domanda. Mai aveva incontrato una persona più squisita, più intelligente del decano della scuola, che per di più era stato anche per diversi anni il suo insegnante e si domandò per quale motivo le avesse fatto questa domanda come fosse stata un'ossessione per lui. Tutto sommato non aveva questa grande confidenza con lui all'inizio.

Quando aveva replicato questo… Carlo aveva risposto:

"Un motivo in più! Succede sempre così."

Lei non ci aveva più fatto caso, ma lui sembrava trattarla male come si sentisse in colpa guardandola, come fosse lo specchio del passato, come lei fosse un vecchio ricordo perfido per lui… Un'immagine che veniva sempre a galla.

Quante volte l'aveva rimproverata senza motivazione valida.

"Pensi troppo al tuo passato,"

e lei nemmeno aveva parlato del suo passato! Figuriamoci non ci pensava nemmeno di confidarsi con lui del grande amore che aveva provato per Giosuè, quel giovane uomo mai dimenticato e che era fin troppo presente nel suo subconscio. Oggi si domandò se fosse per quello che Carlo la respingesse. Forse sapeva qualcosa a lei sfuggito di mente?... Forse un giorno aveva parlato con troppa passione di un chitarrista? Non lo sapeva e non le importava proprio più niente.

L'ultima volta che aveva visto Carlo gli aveva chiesto di vedere la sua cicatrice. È vero aveva una cicatrice enorme sul petto e questo lo rendeva ancora più vulnerabile.

Lei l'aveva guardato con amore in quel momento e aveva sentito un forte desiderio di abbracciarlo, di baciarlo e di coccolarlo. Ma lui aveva interpretato male la faccenda e le aveva fatto capire che gli dava fastidio.

Ormai lo sapeva. Qualsiasi cosa facesse, gli avrebbe sempre dato fastidio in qualsiasi occasione e in ogni momento della giornata.

Come poteva nasconderlo che aveva ancora tanta voglia di fare l'amore, non con qualsiasi uomo figuriamoci, ma solo con l'uomo di cui si era innamorata!

Ormai aveva perso la speranza tanti anni fa di rivedere

Giosuè e si domandava spesso se non doveva fare un viaggio per distrarsi, e chissà forse in un momento inaspettato avrebbe incontrato di nuovo l'uomo della sua vita, un compagno per sempre.

Un uomo con cui stare insieme in simbiosi e un'intesa particolare, forse anche giocando a tennis, o andando in piscina. Qualsiasi cosa le avrebbe fatto piacere, bastava dividerla con l'uomo di cui si sarebbe o era innamorata.

I suoi pensieri potevano solo farle ricordare quelle giornate di venticinque anni fa. I primi giorni erano stati trascorsi in solitudine su una spiaggia abbandonata e in lontananza aveva notato qualche spiraglio di vita, ma niente d'importante fino a quel giorno.

Quello studio sul pianoforte, quelle mani che sembravano volare sui tasti e poi quel giorno all'improvviso la Traumerei…

Non era stata una musica qualsiasi. Era la loro musica che aveva acceso il fuoco che era ancora presente, anche se la fiamma era piccola e scaldava solo lo scrigno custodito nel suo cuore.

Quante volte sognava quel ragazzo stupendo, così dolce che certe volte non aveva voglia di svegliarsi… Avrebbe voluto rimanere sotto quelle coperte calde fino a sparire in una marea di bellezza innata alla natura spagnola.

Certe volte con l'aspetto di un deserto e altre volte ricco di vari profumi che sembravano chiamare i sensi della vita. Quella vita che aveva sempre desiderato e che aveva perso con l'arrivo di Jean-Jacques.

Si domandava se lei fosse stata un passatempo per Giosuè o... forse lui era sposato e non le aveva detto niente. Magari aveva fatto l'amore con altre ragazze o donne della sua età sulla stessa spiaggia.

No! Non era possibile dentro il suo cuore sentiva troppo quella musica intensa, quella melodia che accendeva sempre di più quel fuoco intenso. I "Giochi Proibiti" erano solo il titolo di una composizione di un artista sconosciuto, non erano dei veri giochi proibiti. Il loro era stato un gioco d' amore ben compreso in sintonia di due anime che si abbracciavano. Due cuori che battevano insieme sullo stesso ritmo. Non era possibile che fosse stato diverso e si domandò come mai non si era ribellata quella volta a Jean-Jacques, per quale motivo non fosse rimasta lì nella loro casa in Spagna.

Nulla aveva da perdere. Suo marito l'aveva tradita con la segretaria, non qualsiasi! Non era una segretaria come quella che aveva avuto suo padre. Sua madre l'aveva scelta brutta di proposito così avrebbe avuto suo marito per sé tutta la vita...

Anzi ci pensava adesso, come suo padre avrebbe potuto tradire la madre?... Lei era troppo giovane per permettergli qualsiasi scappatella... Non poteva essere in modo diverso. Ma i tempi erano cambiati e Jean-Jacques si era scelto una vera *pin up* per passare le dolci ore in compagnia durante i suoi congressi di lavoro! Forse si era anche innamorato di lei?... Ma a Linda non importava più niente, solo il pensiero di rintracciare Giosuè aveva importanza adesso. Sperava solo che Nini non avesse incontrato la persona sbagliata, che non fosse un omonimo, che ci fosse stata qualche confusione. Magari si trattava di un parente lontano di Giosuè, succedeva spesso che in Spagna avevano lo stesso nome, chi lo poteva sapere.

D'altronde Nini non c'era quando si erano frequentati sulla spiaggia, nemmeno era stata testimone del loro amore travolgente. Figuriamoci questo era un segreto che doveva e sarebbe dovuto rimanere per sempre custodito nel suo cuore.

Gli occhi di Linda brillavano adesso dalle lacrime non piante, che scendevano sul suo viso, per essere stata tanto infelice negli ultimi mesi, o forse troppo felice tanti, troppi anni fa!

Quella musica che suonava una melodia come fosse un gioco infantile, una carezza proibita. Un toccarsi entrambi in un posto isolato come fosse la loro spiaggia, mai frequentata da nessuno prima d'ora…

Come tutto fosse stato una favola da mille e una notte, che doveva solo avere il suo inizio e che non sarebbe mai più terminata!

I giochi proibiti sono belli quando rispecchiano i sentimenti dell'anima…

I giochi proibiti sono sogni che non devono mai toccare la realtà…

I giochi proibiti sono il desiderio di un'infanzia che non smette mai di vivere nel cuore di ciascuna donna. Come fosse il suo gioco preferito in attesa di trovare quel compagno giusto per condividere i suoni di una musica dolce e cantata sulle corde di una chitarra…

I giochi proibiti sono l'anima che vive e che sente il bisogno di vivere, di sentirsi apprezzata e di trionfare sulla solitudine…

È il canto di una verità mai rivelata, un sogno proibito che non vuole dire le parole del suo inno. Una musica leggera che accarezza il cuore, con la dolcezza di una brezza di mare, un'avventura mai dimenticata e viva più che mai!…

20

Il vento soffiava nei capelli di Linda, aveva preso la bicicletta di Nini ed era andata al supermercato. Non c'era nessun motivo per andarci, ma lei voleva fare una sorpresa ai suoi amici e comprare le brioches fresche.

Era uscita alle otto circa, avrebbe dovuto percorrere cinque chilometri, forse anche qualcosa in più, prima di arrivare al Delhaize; il supermercato preferito di Nini. E certo! Dove poteva trovare se no dei panini belli caldi e il filet américain? Pensò. Magari anche un po' di pollo al curry, Richard mangiava in modo assai strano la mattina presto e Linda era convinta che anche suo figlio avrebbe seguito questo esempio.

Non faceva tanto caldo quella mattina e Linda era arrivata al supermercato col mozzafiato e tutto accaldata. Di nuovo sentiva quella fitta al cuore, ma lo attribuiva alla mancanza di allenamento, o forse perché in questi giorni era anche troppo agitata per godersi la vita a pieno ritmo.

Era felice quella mattina, aveva la mente libera da qualsiasi preoccupazione e pensiero. Doveva pensare a guardare la strada per non sbagliarsi. E doveva fare molta attenzione anche per il traffico esuberante in un giorno di piena settimana.

Le sue guance erano arrossate e sentiva la pelle fresca, come se si fosse rinfrescata con un fazzoletto profumato. Ha lasciato la bici nel solito posteggio e aveva salutato una conoscente di Nini, la commessa che lavorava all'ingresso del supermercato.

Strano, pensò Linda adesso funziona anche come ufficio postale, che bella invenzione! Uno può spedire le lettere raccomandate e i pacchi senza perdere troppo tempo. Dovrebbero inventare questo anche in Italia!

Linda si era scordata che si potevano anche comprare delle sigarette al Delhaize, comunque riflettendo bene in qualsiasi supermercato in Belgio.

Era da un po' che non aveva fatto la spesa in Belgio. Era da un po' che non c'era più tornata nonostante avesse il suo loft a disposizione. Aveva avuto troppo da fare in Italia e poi l'ultimo anno c'era stata la storia con Carlo…

Pensando a Carlo, sentì di nuovo quella fitta al cuore come fosse un' ulteriore umiliazione a distanza.

Quanto aveva sofferto con questa relazione! Quanto aveva sofferto per quest'uomo strano. La mattina era di buon umore, ma certe volte il pomeriggio diventava il *diavolo* in persona, una persona *cattiva* e perfida, con le sue insinuazioni sarcastiche e battute di cattivo gusto al limite del sopportabile.

Non doveva pensarci più! Non si era messa d'accordo con Richard e Nini che avrebbe raccontato oggi la verità al figlio, che avrebbe detto tutto a Lorenzo?…

Chi era suo vero padre, quel grande musicista di nome Giosuè Rodriguez!

Sì doveva dirlo, prima che Giosuè lo facesse. Ma come doveva fare con Jean-Jacques, pensò con tristezza? In questi lunghissimi anni lui aveva mantenuto un rapporto corretto e civile con Lorenzo. E alla fine aveva comunque pagato gli studi al ragazzo. Forse perché soffrisse per non aver avuto nemmeno un figlio con la seconda moglie.

Linda non ci voleva pensare. Ormai era acqua passata e suo ex apparteneva a un passato molto, ma molto lontano; senza averlo cancellato, ma quasi… e la stessa cosa stava facendo con Carlo. Non le importava più se Richard avesse scoperto qualcosa sulla società che aveva creato e del pasticcio in cui l'aveva coinvolta!

Avrebbe cancellato anche questa pagina dal suo diario… anzi dalla sua vita e avrebbe solo pensato a quell'uomo che apparentemente era sempre rimasto innamorato di lei!

"Speriamo solo che in questi giorni non incontri qualche donna bellissima e giovane"
pensò Linda, ma no!

Se l'aveva aspettata per tutti questi anni, qualche giorno non avrebbe fatto differenza… e se anche lui l'avesse trovata sciupata o invecchiata come diceva Carlo?

No... Non poteva essere! Lui era stato innamorato della sua anima.

Nel suo cuore aveva amato solo lei in tutti questi anni e avrebbe continuato a farlo. Tutto sommato a parte le gambe e qualche rughetta non era ancora da buttare via.

Linda si guardava allo specchio del Delhaize, i suoi capelli erano sempre bellissimi e folti, forse avrebbe potuto tagliarli un pochettino, una spuntatina niente in più niente in meno.
Forse una tinta leggera color castano, per coprire quei pochi capelli grigi che spuntavano fuori di qua e di là.

Non sapeva se si sarebbe messa una bandana colorata, come una volta, o se li avrebbe lasciati sciolti sulle spalle come Nini aveva suggerito. Dallo sguardo di Richard aveva capito che anche lui la trovava ancora eccitante...

"Maturata, ma sexy"...
aveva detto, senza offendere la mogliettina baciandola in modo affettuoso.

Linda girava in mezzo agli scaffali e ai corridoi stretti del supermercato.

"Caspita ci sono anche dei bei reggiseni di Cacharel"
pensò e

"costano molto meno che in Italia."

Si era comprato un completino, assai osé, altrimenti non si sarebbe chiamata Linda!

Era passata dal reparto di cioccolato e aveva preso dei gusti diversi del famosissimo e tanto buono cioccolato belga:

pistacchio, quello alle fragole e fondente, al Rhum e quello bianco. Com'era buono pensò Linda con un panino con il burro fresco spalmato sopra. Tutto a un tratto, però sentiva di nuovo una fitta fortissima, questa volta nella schiena che le tolse il fiato.

Senza poter chiamare qualcuno per aiutarla a sedersi era svenuta in terra. La giovane commessa che stava al banco del pane corse subito per aiutarla.

"Signora, chiamo un medico? È troppo pallida… chiamo un' ambulanza!"

Linda si era ripresa dopo aver annusato un profumo che sapeva di canfora.

"No in assoluto… non è niente! Sono un po' debole, è mattina presto, sono venuta in bicicletta e mi sono stancata forse un po' troppo!"

"Signora alla sua età!"

E vai!… pensò Linda ci siamo di nuovo con questa età come se arrivare a sessant'anni volesse dire:

"Sei da mettere a riposo completo… o quasi quasi da buttare via!"

"No",

fece la giovane commessa, una ragazzina sui diciotto anni.

"Non volevo dire che lei è vecchia, solo per andare in bicicletta ci vanno solo i giovani!"

Hups! Di nuovo con queste battute... Linda l'aveva guardata con uno sguardo che forse annullava tutte le parole per esprimere quello che stava pensando...

"Certo, le chiedo scusa... Non volevo, non fraintenda... di solito la mia mamma che ne ha quaranta non gira in bici!..."

Il discorso finì lì. Linda aveva ripreso le sue cosucce e si era avviata verso la cassa, non pensando più al filet américain né al pollo al curry.

I panini li avrebbe presi vicino a casa. Era infastidita da quello che era successo un attimo prima e si vergognava di aver perso il controllo della situazione.

Lei era fatta così, nessuno avrebbe potuto cambiarla! Sempre doveva e voleva avere il controllo come gestire la sua giornata e soprattutto la sua vita!

Era tornata a casa della sua amica che la stava aspettando sulla soglia.

"Caspita mi hai fatto preoccupare. Non potevi lasciare un bigliettino, una piccola scritta per dire dove saresti andata? Non potevi aspettarmi... Dai esiste la macchina, lo sai!"

Dallo sguardo che Linda aveva rivolto verso Nini, la sua amica aveva capito che non doveva andare oltre. Lei non era la mamma di Linda e non doveva né compatirla, né darle lezioni di vita, come comportarsi o gestire la sua vita!

"Siamo di cattivo umore stamattina? Abbiamo fatto colazione… dai scherzo ti abbiamo aspettata! Vieni… alla bici ci pensiamo dopo!"

"Mamma che faccia hai! Sembri un orsetto spaventato… Ti sei già guardata allo specchio?"

"Turna!"
fece Linda in un dialetto, quel poco che aveva imparato e che si ricordasse.

Sia Sabina sia Lorenzo si erano guardati e avevano capito che non era la giornata giusta per stuzzicare Linda e dentro il loro cuore speravano solo che neanche Richard l'avrebbe tormentata con qualche battuta che questa volta sarebbe stata *fuori luogo*!…

Si era seduta a tavola, l'atmosfera era tranquilla anche se in sottofondo suonava la musica di Massenet, l'adagio preferito di Richard e Nini.

La famiglia aveva mangiato in tranquillità e la colazione sembrava durare più del solito, sotto lo sguardo molto attento di un medico.

Anche se Richard era un dermatologo, aveva capito che Linda non stava per niente bene, solo non osava in questo delicato momento chiederle che cosa le stesse succedendo e di sicuro non le avrebbe domandato se sentisse qualche dolore.

Nini aveva preso la macchina insieme a suo marito ed entrambi erano andati a fare la spesa, lasciando Linda da sola con suo figlio, nella speranza che avrebbe trovato il coraggio di raccontare la vera storia d'amore fra lei e il vero padre: Giosuè Rodriguez!

Sabina doveva preparare un discorso per l'inaugurazione di una mostra di quadri antichi e dopo una mezz'oretta era sparita anche lei.

21

La giornata era tranquilla e un sole tiepido scaldava il cielo…

"Dai Lorenzo, sediamoci un po' in giardino, ci rilassiamo prima che tornino. Dovrei parlarti… è una questione delicata, ma devo trovare il coraggio."

"Che cosa hai? Stai poco bene? Hai una brutta notizia da comunicarmi?… Hai una faccia! Preferisco quando fai le tue stupide battute con Nini… Dai non ho voglia di sentire un discorso serio!"

"Lorenzo, per favore!… Non ho voglia di scherzare, non sono né Sabina, né qualsiasi altra ragazza amica della tua età! Un attimo di serietà non fa male a nessuno!"

"Va bene, basta che ti sbrighi, devo uscire dopo con Sabina e lo sai… non ho nessuna voglia di tornare a Torino, dopo magari ma in questo momento non ci penso nemmeno!"

"E"…

con grande esitazione provava a dirgli…

"Se andassimo in Spagna?"

"Dove? Nella casa di mio padre? Non ci penso minimamente lo sai che l'ultima volta mi sono annoiato da morire, poi ho litigato con lui… lo sai che viviamo su due onde diverse. Non mi capisce mai!"…

“Lorenzo, è di questo che ti devo parlare!”

“Non mi dire che ti vuoi mettere di nuovo con lui? Non ci sto e sarà la volta buona che andrò via di casa!”…

Lì Linda fece lo sbaglio più grosso della sua vita…

“Lo capisco, ma prima o poi andrai comunque via di casa… Voi giovani non potete sempre rimanere con la mamma finché campa!”…

“Ah… è così? Ti do fastidio adesso?… Se è così, me ne vado anche subito, bastava dirlo non dovevi fare quella faccia da funerale che hai da due giorni, anche Sabina se n’è accorta!”

Di nuovo Linda aveva sentito una piccola fitta nel cuore, che non la faceva più ragionare con calma e che la rendeva sempre più vulnerabile e suscettibile. Fece un respiro profondo e poi continuò.

“Lorenzo il fatto è che vorrei andare con te a un concerto, c’è un famoso musicista in città. Mi accompagni?”

“Meno male! E devi fare quella faccia triste per questo?

Non potevi darmi dei biglietti e basta? Lo sai che ci aveva già pensato Sabina, ho due biglietti e… da quando è che ti piace la musica di Giosuè Rodriguez?”

Senza riflettere due secondi e preso dal nervosismo Linda gli aveva urlato:

“Non ce la faccia più!”
e la tensione diventava sempre più forte e l’atmosfera difficile da sopportare.

"Da quando Giosuè è tuo padre! Ecco, lui è tuo padre naturale!"

Lorenzo l'aveva guardata… Era diventato pallido. Si era girato con l'espressione di un bufalo pronto all'attacco. Aveva preso il giubbotto di pelle ed era uscito sbattendo la porta della casa di Nini.

Quel giorno non era tornato a casa. Sabina l'aveva cercato ovunque, nemmeno nel loro loft era andato.

Richard con la pipa in mano continuava a ripeterle che non doveva preoccuparsi, che la sua reazione era normale e che Lorenzo senza dubbio voleva riflettere sulla situazione.

Quello che Linda non aveva confessato ai suoi amici era che gliel'aveva detto bruscamente che Giosuè era suo padre, senza garbatezza, senza veli intorno. Una verità forse anche troppo severa per un ragazzo di quasi venticinque anni.

Linda era sdraiata sul divano, il viso pallido e gli occhi semichiusi.
Richard la guardava con viva preoccupazione, notando i diversi lividi che la donna aveva di nuovo attorno alle caviglie, disse a Nini:

"Guarda la tua amica non sta per niente bene!… Mi preoccupa questa situazione, non è solo un fatto di stress, c'è dell'altro dovrebbe fare un check up. Che cosa dici la faccio ricoverare a Bonheiden? O qua vicino nella clinica privata?"

“Sssst…” fece Nini

“Non svegliarla! Tocca a lei decidere quello che deve fare. Magari è un po’ scossa per quello che è successo ieri e oggi. Lasciale il tempo che ci vuole, poi si vedrà… Ci saranno ancora dei giorni duri da affrontare.

Domani dovrebbe incontrare Giosuè se ha finito con il suo concerto a Ostenda, poi c’è Bruxelles… Anche a lui bisogna lasciare il tempo di mettere ordine nella situazione. Un brusco cambiamento potrebbe essere controproducente. E se poi vedendola agitata cambiasse idea? Non l’amasse più? Se magari fosse un’infatuazione? Chi lo può dire sono passati così tanti anni… le persone cambiano!… Lasci che ci parli io, tu pensa a rintracciare Lorenzo. Poi… non dimenticare che la settimana prossima non siamo più in ferie, va bene è la mia amica ma deve imparare a volare con le proprie ali!”

“Oih! Siamo nervosetti anche noi oggi? Che cosa ti succede amore mio?”

“Trovo che ti preoccupi un po’ troppo per la mia amica… non mi va! Poi due donne in casa… per un po’ va bene, ma dopo è troppo!

Lo sai che non sopporto di dividere la mia cucina con nessuna!”

“Ma se sono stato io fino ad oggi che ho cucinato, avevate

sempre le vostre cosettine da raccontare… non fare la permalosa adesso!

Poi se vuoi che me ne vada, basta dirmelo così avete il campo libero per discutere i vostri problemucci…"

"Scusami amore, non volevo… ma sono in pensiero anch'io poi lo sai che mi viene il nervoso quando la situazione mi sfugge di mano e… adesso con Lorenzo, lo sai vero, la situazione è veramente preoccupante! Chissà in che modo gliel'ha detto! Conosco troppo bene quel ragazzo per capire che è stato molto scosso… lui è troppo sensibile!"

Nessuno sapeva che quel giorno Lorenzo era andato a trovare il suo vero padre. Era andato a Ostenda e lo aveva aspettato nel camerino dopo il concerto.

Quando Giosuè vide il giovane ragazzo, alto, abbronzato, sicuro di sé con l'aria un po' permalosa aveva capito che era suo figlio.

Non disse niente, aveva solo uno sguardo profondo che gli penetrava nel cuore…

"Suoni la chitarra? Vuoi che suoniamo qualcosa insieme?"

"Suoniamo i "Giochi Proibiti" è la musica preferita di mia madre!…

Mi ha detto che sei mio padre, ma non so come… né cosa sia successo e come mai non ti ho incontrato prima. Non ho mai avuto un vero feeling con mio padre, scusami con Jean-Jacques.

È vero lui è sempre stato buono con me... forse fino ai miei dieci anni no, ma dopo si è comportato in modo corretto. Pensavo che fosse dovuto al litigio, alla separazione con mia madre."

"Ah... non sapevo"

fece Giosuè...

"Ma allora i tuoi sono divorziati da quanto tempo?"

"Ormai da vent'anni, dopo che ho avuto un incidente e mi hanno fatto una trasfusione di sangue"...

"Come mai la tua mamma non ha detto niente? Come mai non mi ha scritto?"

"Che ne so io! Questo lo devi sapere tu... A proposito nemmeno tu l'hai cercata! Leggevo sempre la sua posta quando ero piccolo e lo faccio ancora adesso. Non ho mai trovato una lettera. Lo sai Linda, mia madre, è molto distratta e ogni tanto si dimentica delle bollette e cosucce varie. Lo sai è una donna sofisticata, ma ultimamente non mi sembra tanto felice. A dire il vero sono scappato di casa, anzi dalla casa della sua amica"...

"Ah... ma allora state con Nini e Richard!"

"Sì... perché tu li conosci? E da quando?"...

Lorenzo cominciò ad agitarsi...

"Mi sembra essere l'unico a non averti conosciuto in questi anni ma che cosa è questo scherzo?

Non dirmi che anche la mia ragazza ti conosce?"

"Chi?... Sabina? Sì, ma non come pensi tu. Ci siamo

incontrati l'ultima volta a Malaga. Niente in più niente in meno, e non ha sentito il discorso che la tua madrina ha fatto con me… Stai tranquillo!

Solo Nini e Richard conoscono la vera storia. Non nei dettagli spero, perché questo ci appartiene! E sarà sempre il nostro segreto!"

"Cominciamo bene! Appena mi vedi anche tu cominci a parlarmi di segreti! Ma che razza di persone siete tu e mia madre?"

"Siamo anche irascibili Lorenzo?"

"Sì e indovina da chi ho preso? Non da mia madre? Forse da te?"

"Eh… eh come no! Non c'è ragazzo, scusa uomo più testardo di me!

Vedrai quando mi conoscerai meglio!… Non saranno sempre rose che fioriscono. Un padre deve anche avere un diverbio col proprio figlio altrimenti che padre sarebbe?"

"Ti va una pizza? O vuoi qualcosa di più sofisticato? Vuoi una paella?"

"Non mi dire che la fanno qui a Ostenda? Non credo proprio!

Dai lasciamo perdere! Alloggio al Grand Hotel, ci mangiamo qualcosa lì e poi sei ospite mio, da quello che ho potuto capire non hai la minima voglia di tornare a Mechelen, a parte anche l'ora… è troppo tardi!…

Dai prendi la mia chitarra e suonami qualcosa anche i "Giochi Proibiti" se vuoi, basta che mi fai vedere che sei degno di essere chiamato un Rodriguez!"

Lorenzo prese la chitarra di suo padre in mano ed entrambi suonarono "I Giochi Proibiti". Giosuè con una tonalità diversa sull'altra chitarra spagnola, la sua preferita e molto costosa!

"Ma… la tua mamma è sempre bella? Affascinante?"

"Che ne so io!… E' mia madre, è una bella donna un po' piccola ma bella… un po' matta… le voglio un bene d'anima… e tu?"

"Anch'io, ma il mio amore per lei è diverso… è come una magia che non riesco a spiegarti, è come fosse stata un'apparizione dal cielo per me.

Un giorno è venuta in casa mia, senza che la conoscesse"…

"Tipico di mia madre!… Deve sempre ficcare il naso in questioni che non la riguardano!"…

"No… Non è come pensi! La mia porta era aperta… Era una bella stagione e suonavo il pianoforte. Ero all'inizio della mia carriera, dovevo studiare due strumenti nell'accademia di musica e da piccolo suonavo già il pianoforte. Faceva caldo e suonavo la Traumerei…

Si vede che Linda… tua madre, l'ha sentita e forse si sentiva sola, non lo so come dirtelo… Insomma… Ci siamo guardati… Enfin, non è proprio così… ma queste sono cose che succedono fra adulti, e ci siamo amati in modo passionale e il mio amore per lei non è mai svanito…

Anzi credo di amarla ancora di più. È come la mia musica, più la suono più la voglio suonare, è come una malattia alla quale non c'è rimedio. È come un sogno che uno sta sognando. Una cosa meravigliosa che ti coinvolge, e ogni volta prima del risveglio… uno perde quel piccolo dettaglio che non riesce più a percepire. È come un attimo sfuggente che poi torna ogni volta quando sei felice e ogni volta che chiudi gli occhi.

Non solo nel sogno, ma ovunque vai, ovunque la vita ti porta."

Ci fu un attimo di silenzio ed entrambi si erano guardati e Lorenzo cominciava a capire…

"Lo sai? Sapevo di avere un figlio… L'ho sempre saputo, me lo sentivo nel cuore. Sentivo dei piccoli passi indecisi come fossero delle note di una musica che non riuscivo a scrivere, era una melodia non conosciuta alle mie orecchie… Era una magia che mi faceva sognare come fosse una vita non ancora vissuta e che avevo tanto desiderato…

Mi sei mancato figlio mio! Mi sei mancato in tutti questi anni che non ti conoscevo… Eri come quella foschia che fa travedere una sagoma, ma ogni volta che mi ci avvicinavo si allontanava e non riuscivo mai a prendere la tua mano. Eri sempre così lontano e certe volte mi faceva paura e avevo paura di perderti.

Lo sai nel giorno in cui hai avuto il tuo incidente, ho sentito che qualcosa non andava, era come il mio cuore si fosse fermato per un attimo e allora ho composto questa melodia... Dimmi ti piace? Ascoltala con gli occhi chiusi e capirai i miei sentimenti e quello che provo per te e la tua mamma. Credimi siete speciali!"...

Giosuè suonò un adagio lento che richiamava l'atmosfera di un animale ferito nella foresta, era come un chiaro di luna che non osasse farsi vedere da dietro le nuvole. Era come un cielo non stellato con una sola nuvola grigiastra in mezzo alle altre nuvole scure del cielo.

Lorenzo capì che Giosuè aveva sofferto tanto per il suo mancato amore, per quella passione creduta persa per sempre.

Non doveva chiudere gli occhi per capire come quella melodia suonasse adesso anche nel suo cuore. Percepiva il profumo di una spiaggia lontana, non lontano dall'oceano. Sentiva il profumo dei fiori di un giardino ricco di betulle e agave, di ginestra e rosmarino un profumo di roselline piccole mischiato con un leggero tocco di lavanda.

I suoni non erano dei suoni di un gioco proibito, ma di una

realtà diversa della sua. Tutto a un tratto sentiva il bisogno di abbracciare la sua mamma perché aveva capito che aveva mantenuto il silenzio solo per non ferirlo e perché il nonno le aveva costretto a farlo.

Se non avesse ubbidito in tutti questi anni, avrebbe perso gli alimenti e come avrebbe potuto studiare se mancassero i soldi…

"A che cosa stai pensando Lorenzo? Non avete avuto una vita facile credo… Vi sono mancati i soldi? Avete avuto dei problemi? Come mai Linda, scusami la tua mamma, non si è mai risposata?"

"Forse perché il suo cuore è stato sempre tuo? Chi lo sa, non potevo chiederglielo, sono un maschio… E poi di certe cose non mi ha mai parlato, credo si vergognasse del suo passato perché il nonno non è che l'abbia trattata bene! Si è creata una forte amicizia con Nini, quello sì… ma ce n'è voluto del tempo!

Devo dirti una cosa. Lo sai che la mia mamma canticchiava sempre la melodia dei "Giochi Proibiti" quando ero piccolo e dopo continuava a farlo come fosse una calamita che viveva nel suo cuore e sentisse una magia verso tutto quello che è arte…

Lo sai che ha ripreso gli studi dopo che ha lasciato mio padre? Sì e come no! Adesso, certe volte fa la consulente linguistica per una società torinese.

Ma credo sia stanca, certe volte è talmente pallida…

È stata anche operata alle gambe. Le vene safene se non mi sbaglio e ogni tanto ha dei problemi… ma sono cose che non dovrei dirti!   Mai fare una battuta sulle sue gambe! È meglio che te lo spiega per conto suo…

Chissà che cosa penserà altrimenti di noi!"

22

Lorenzo e Giosuè avevano passato gli ultimi due giorni della settimana al mare, solo Sabina era al corrente dove si trovarono, e lei aveva promesso di mantenere il silenzio.

Padre e figlio avevano tanto da scoprire, venticinque anni di una vita da raccontare e forse da recuperare il tempo perduto dove era possibile.

Ben presto Giosuè aveva capito che Lorenzo non era mai stato molto affiatato con Jean-Jacques. Gli rincresceva adesso di non aver fatto un tentativo di cercare di rintracciare quella giovane, piccola donna ma con un cuore grande, capace di un amore impossibile mai perso nel tempo e mai scordato nell'anima.

Le poche volte che non camminavano lungo il mare di Ostenda, i due suonavano la chitarra come fosse la merenda della loro giornata passata insieme.

Certe volte correvano sulla spiaggia dietro i gabbiani come fossero dei ragazzini in cerca dell'aquilone che non c'è…

Altre volte andavano a cavallo e Giosuè cavalcava sempre senza sella, come fosse la cosa più divertente e spericolata nella sua nuova vita ritrovata.

Tante erano le volte in cui Giosuè sollecitava Lorenzo perché chiamasse sua madre, che doveva essere preoccupata per la sua scomparsa.

Non avrebbe voluto che si trovasse al posto suo nella sua inquietudine. Doveva soffrire…

"Dai Lorenzo, adesso hai giocato abbastanza… Chiamala! Dille che sei con me! Non puoi farla stare in pena!"

"Questa volta mi ha ferito. Non doveva dirmi che primo o poi dovevo comunque lasciare casa… Che modi *di fare e dire* sono questi!"

Giosuè guardava il figlio…

"Ma allora vorresti vivere sempre con la tua mammina, anche quando sarai sposato? Lo trovi normale? Hai venticinque anni ragazzo mio svegliati!"

Lorenzo stava per dare una risposta brusca!…

"Certo ci conosciamo da poco… Non mi sembra il caso che inizio a riordinare la tua vita… la tua esistenza!"

Lorenzo scoppio in una folle risata!

"Dai stavo scherzando, la mia era solo una battutina!"

"Ma lo sai che assomigli proprio tanto alla tua mamma… dai raccontami ancora qualcosa di lei… Ha un amico? C'è un uomo nella sua vita adesso?"

"Sì debbo ammetterlo…

C'è stato qualcosa quest'anno, ma ormai è una storia dimenticata, lui l'ha fatta troppo soffrire e non se lo meritava…

è una storia di poca importanza… è finita!"

I due continuavano a chiacchierare e nessuno sapeva che lontano centoventi chilometri da quella spiaggia di Ostenda, qualcuna stava proprio male e non riusciva a sopportare la solitudine ritrovata da un momento all'altro.

Quest'ultimo abbandono a sé stessa era un dolore troppo forte per Linda e le mancavano sempre di più le forze per continuare a lottare, a elaborare i problemi sentimentali e a dimenticare un passato, troppo vivo nella sua mente e dal quale non poteva e non avrebbe mai voluto staccarsi…

23

La bellezza di un incontro è quando una donna si sente realizzata e rimanga colpita dallo sguardo di un uomo che la osserva di nascosto, un gesto romantico… un feeling speciale.

È quello che pensava Linda adesso…

Aveva passato la notte in bianco a pensare al più e al meno di quello che era successo quella mattina quando era andata a trovare Carlo e come avrebbe dovuto affrontare l'avvenire… il suo futuro!   Non voleva passare il resto della sua vita vivendo nell'incertezza, non sapendo come avrebbe reagito Carlo l'indomani, se sarebbe stato di buon umore, se l'avrebbe resa felice, o se l'avesse usata come si sentiva adesso.

Con dolcezza Linda pensava a quell'uomo interessante che aveva chiesto il suo parere. Mai ci avrebbe fatto caso… di sicuro non una settimana fa!

Ma ieri forse era troppo insicura e troppo affamata di complimenti, di un gesto gentile per sentirsi ancora donna e apprezzata per la sua opinione.

Subito aveva pensato che quell'uomo fosse uno del reparto che doveva sistemare gli abiti nella Rinascente, ma ben presto aveva notato che l'aveva seguita al secondo piano e quando lei si era fermata a guardare i bei vestiti, le giacche sportive di Marina

Yachting... lui aveva chiesto il suo parere. Era un uomo più grande di età di lei, i cappelli brizzolati, alto, un po' robusto, e con un certo fascino. Non come Carlo! Lo doveva ammettere. Lui aveva sentito le stoffe, prendendo le maniche delle giacche in mano una per una, come stesse valutando l'autenticità della merce. Non aveva comprato niente e la seguiva chiedendo il suo parere. Quando poi aveva notato che era andata verso il bagno, aveva smesso di seguirla ed era sparito dalla sua vista. Comunque quell'uomo l'aveva fatta sentire donna, nel vero senso della parola e Linda era convinta che se fosse stata brutta lui non si sarebbe avvicinato a lei e non avrebbe chiesto il suo parere, tutt'altro!

Anche a casa, pensava... era tornato l'idraulico, quel *ragazzo* carino, di dieci anni più giovane di lei.

Una volta le aveva fatto la corte... tanti anni fa e poi si era messo con uno *splendore* di Brasiliana e si era perso in un mondo di sola magia e poco cervello...

L'altro giorno l'idraulico aveva detto che la *sua storia* era finita e aveva ripreso a corteggiarla, in modo galante, senza sgarbatezza, bastava il suo sguardo e... Linda capì che non era ancora da buttare via e che avrebbe potuto godersi la vita in modo diverso, magari in un momento di follia, correndo dietro all'uomo che amava in spiaggia, andando a ballare, giocando a tennis...

O qualsiasi cosa che ultimamente non riuscisse più a fare... figuriamoci a pensare!

Lei aveva scelto Carlo, il suo grande amore... ma dov'era? Dov'era rimasto con i sentimenti che aveva verso di lei se mai ne avesse avuto, pensò triste... E pensando all'amicizia che lui aveva nutrito in passato per una professoressa d'italiano, per niente di bell'aspetto, una donnina qualsiasi ma... con tanti, troppi quattrini... Con lei sì che era riuscito ad andare in ferie! Con lei sì che aveva girato tutto l'Italia insieme alla figlia e i suoi bambini più grandi!

Ma sì... infine doveva ammetterlo erano quindici anni fa, lui era più giovane, aveva cinquant'anni e nessun problema di salute!...

Dov'era adesso?... Dov'era finito il loro amore, e Linda si domandava come sarebbe diventato il suo futuro, la sua vita soprattutto se avesse potuto fare un viaggio, forse un giorno con la sua nipotina prima di invecchiare e come sarebbe stata... la vita, dopo...

Se avrebbe continuato a sognare o se i sogni sarebbero svaniti nel nulla, nell'abisso più profondo dell'oceano e... se Carlo avrebbe tolto la roccia per far trapelare un raggio di sole, il loro sole... La loro gioia di vivere, una vita camminando l'uno a fianco dell'altro. Insieme pian pianino, ridendo... magari con una ruga in più, ma ancora così tanta bellezza da scoprire...

24

Quante domande si poneva… Quanti sogni non avverati e… Se invece potesse realizzare il suo ultimo sogno? Quel sogno dopo aver visto il manifesto?

Linda ascoltava una musica come fosse il canto di un angelo…

Chi era che suonava il pianoforte. Ma non era l'Ave Maria? Non era una musica divina, ma suonata con una leggerezza con un tocco già sentito? E da dove veniva quella musica che accendeva un fuoco lento prima, ma che bruciava sempre più forte e intenso nel suo cuore?

Linda non riusciva a capire da dove provenisse quel suono leggero… ma suonato con tanto sentimento, con una gioia immensa come se le dita di quel pianista riuscissero a sorvolare una nuvola e incantarla come fosse ipnotizzata dall'ignoto…

Quelle dita che avevano sfiorato un pianoforte, quella magia nel far sentire un suono divino, una magia d'altri tempi. Quel leggero scendere in un Largo, come fosse una cascata che è felice di raggiungere un fiume. Non un fiume di parole, ma quel fiume di sentimenti che alla fine, con l'ultimo accordo, sono felici di percepire una gioia immensa…

Era come quelle dita suonassero più veloci e poi di nuovo lento nel rincorrere forse un sogno proibito che riesce alla fine ad aprire lo scrigno della felicità... forse del suo cuore.

Era come quello scoiattolo che rincorre un passerotto felice di vivere la primavera con lo sbocciare dei piccoli fiorellini, forse le roselline di un' estate che bacia un petalo in crescita.

Quelle dita che corrono con una magia celeste... Linda le aveva sentite suonare il pianoforte tanti, troppi anni fa...

Come mai Nini e Richard non le avevano detto che avevano acquistato un pianoforte? Perché questa melodia che scaldava il suo cuore? Linda si mise a piangere e camminava come fosse una dea sonnambula in cerca dell'ultimo cibo per nutrirsi, prima di addormentarsi per sempre nell'abisso della laguna.

In quella stanza vedeva Lorenzo che guardava la sua mamma come se fosse preso anche lui da quell'inno del cuore. La fissava e lui vedeva il viso pallido, non sapendo come avrebbe reagito.

Il viso di suo figlio era abbronzato e questo lo fece ancora assomigliare di più a Giosuè. Un ragazzo brillante, un grande pianista adesso famoso.

Giosuè Rodriguez dove sei? Dove eri? Dove è rimasto il nostro amore... la nostra felicità? Se almeno la mia gioia fosse condivisa nella tua anima?

Linda non sapeva più se stesse camminando o se volasse su una nuvola. Il pianoforte aveva smesso di suonare, la chitarra suonava un incanto al cuore… i "Giochi Proibiti"…

"Ma, allora è Sabina"

pensò Linda,

"allora è la figlia di Richard e Nini, i suoi migliori amici"?

Linda guardava suo figlio, Sabina era quasi nascosta dietro di lui…

Il suo cuore batteva sempre più forte. Richard la guardava con la solita area, come fosse pronto a prenderla nelle braccia se fosse svenuta. La donna, come fosse avvolta da un suono magico e come se il suo viso fosse coperto da un leggero velo di rugiada, si guardò attorno… pallida adesso.

Era come stesse camminando in un sogno, non distinguendo più la realtà dal sogno. La porta del soggiorno era leggermente aperta… Mai Linda aveva visto quella stanza che non era più il solito salotto. Un pianoforte a coda era in mezzo alla stanza e a Linda sembrava di sognare… Ma, quella stanza lei l'aveva conosciuta una volta, era uguale a tanti anni fa…

Allora doveva sognare, doveva essere vero o forse non apparteneva più a questa vita?… Forse stava per lasciarsi tutti i problemi alle spalle e l'avventura della sua vita si stava concludendo?…

Linda era pallida, un suono leggero l'avvolgeva...

Lorenzo era seduto in fondo alla stanza dell'ospedale, Nini era vicina alla sua amica.

La piccola donna, che voleva essere la grande donna per il suo uomo, non aveva retto allo stress della vita.
Tutte le angosce di una volta l'avevano travolta. La sua vita non era, e non poteva mai più essere quella di prima...

Qualcuno aveva deciso per lei, e Linda non poteva più rimediare. Lorenzo la guardava come fosse troppo fragile per muoversi, un viso pallido adesso e infranto dal dolore, dallo spavento.

Nessuno aveva pensato che quella *ragazza*, apparentemente frivola e leggera nel passato, avesse avuto tanti problemi che l'avevano resa fragile e delicata col tempo.

La musica che aveva sentito nel cuore in questi ultimi anni era stata la musica dell'abbandono e la paura di non essere capito dal figlio che amava di più di qualsiasi cosa al mondo.

Quanto aveva sognato di avere una nipotina una volta, di invecchiare a fianco all'unico amore della sua vita e... adesso era ferma lì, come fosse un angelo che aveva le ali spezzate e che non riusciva più a proteggere l'unico tesoro che aveva veramente nella sua vita, suo figlio.

Durante tutti questi anni era vissuta nella paura di dovergli raccontare la verità, e aveva promesso a Jean-Jacques di non farlo... di rispettare il suo desiderio, di essere comunque un padre anche se non quello naturale. Ma come poteva soffocare quel desiderio grande di cercare Giosuè, quel suono magico che aveva guidato tutta la sua vita come fosse stato l'unico filo sul quale camminare?

È vero con Carlo aveva cercato di imboccare una strada diversa... l'aveva perduto sul sentiero dell'abbandono a sé stessa e la vergogna di sentirsi ancora donna in una vita che poteva essere meravigliosa. Come aveva potuto desiderare quel grande amore... lei quella piccola donna, forse troppo piccola per sperare e credere in *grande*!...

Richard guardava la moglie con viva preoccupazione, lui era medico e sapeva che Linda non stava lottando per sopravvivere a un dolore fisico, ma a quel dolore della psiche che ci rende più vulnerabili e che alla fine ci distrugge se il cuore non è nutrito con un sentimento vero, quel sentimento che ci rende importante per qualsiasi persona. Basta volerlo e desiderarlo con tutta la forza dell'anima.

Linda si era perduta sulla strada che credeva senza fine... senza speranza.

Si era persa nelle nuvole del subconscio che trascinano

l'anima verso un abisso ancora più profondo di quello del mare, forse dell'oceano dopo una tempesta violenta e un uragano di dispiacere che lascia tanta devastazione.

Gli occhi di Linda erano socchiusi e lei sembrava una bambola di porcellana che poteva spezzarsi in due se venisse scossa bruscamente. Nini le teneva la mano e con delicatezza le chiese se si sentisse un po' più forte… Diceva che la doveva lasciare da sola, che la notte stava inoltrando e che solo una persona poteva stare adesso con lei per passare la notte.

Suo figlio l'aveva abbracciata e baciata sulla guancia, come fosse il tocco di una rosa che viene accarezzato dal vento. Le sue parole erano dolci e piene d'amore per la sua mammina che stava male la prima volta nella sua vita e, che sembrava così piccola che lui l'avrebbe voluta proteggere per sempre…

Tutti avevano lasciato la stanza senza la minima reazione di Linda, lei sembrava vivesse in un sogno dal quale non riuscisse più a staccarsi. Non era più una vita reale, ma un attimo di tanto… troppo tempo fa!

Un uomo aveva aperto la porta con delicatezza, come avesse paura che la brezza dell'oceano potesse disturbare la quiete della notte.

I suoi passi erano leggeri ma decisi, le sue mani belle ma

invecchiate. Le sue unghie molto curate e troppo corte per aver fatto dei lavori manuali o aver scritto troppo al computer.

Le mani erano le mani di un musicista. I suoi capelli erano brizzolati, ondulati e assai lunghi nella nuca. Le sue spalle larghe come fossero pronte a proteggere una piccola donna. Era alto e snello e il suo viso abbronzato, come avesse goduto dell'amore del sole in piena estate.

Lui, in quell'istante ha preso una sedia come fosse il gesto più normale della sua vita. Un movimento deciso e con delicatezza senza fare rumore. Si è seduto accanto al letto di Linda e ha preso la sua piccola mano fra le sue. Il calore scaldava il suo cuore.

La piccola donna si sentiva a suo agio e sussurrava una parola, con dolcezza come se avesse paura di svegliarsi dal sonno che la proteggeva…

"Mi suoni "I Giochi Proibiti"… Giosuè?" Lui le accarezzò la guancia come fosse una piccola rosa sfiorata dal vento.

Lorenzo era entrato nella stanza, sapeva chi era suo vero padre. Gli assomigliava troppo, lo stesso sguardo, la stessa delicatezza, gli stessi occhi…

25

C'erano voluti dei mesi prima che Linda si ristabilisse, il suo cuore non aveva retto allo stress... o forse si era ammalata per mancanza di quell'unico amore che rende una donna speciale per il suo uomo.

Sia Jean-Jacques sia Carlo avevano cercato di fare un ultimo tentativo di conquistarla, ma non c'era più spazio in quel piccolo scrigno che aveva solo bisogno di un po' di felicità...

In quel tesoro custodito dal cuore, c'erano due parole scritte Lorenzo e Giosuè... e... i suoni meravigliosi dei "Giochi Proibiti"...

"I giochi proibiti"...

Un dolce ricordo in memoria di K... eri meraviglioso! Peccato che il tempo non si sia fermato...

Devo scrivere un'introduzione per dare seguito ai giochi che possono essere pericolosi o... possiamo continuare a leggere e capire dove Linda aveva smesso di capire...
O, forse, lei era troppo indifesa come lo siamo in tante, noi piccole donne...

26

Linda era felice con Giosuè. Le giornate passavano in tutta tranquillità e non ci sembrava nessuna ombra alla loro felicità.

Nonostante la donna non avesse più voluto prendere contatto con Carlo, lui si era fatto vivo quell'estate. Non gli era nemmeno passato per il cervello, se almeno un giorno l'avesse avuto, pensava Linda con una lacrima nascosta nel cuore, di chiederle come stava. Erano mesi che non l'aveva sentita e aveva comunque trovato il coraggio di farsi vivo nuovamente.

Giosuè aveva guardato la sua donna con aria perplessa e non sapeva se sentirsi in colpa per la sua impotenza di non poterla aiutare o se ci fosse qualche filo di gelosia che cresceva, come una pianta solitaria, nel suo cuore.

Linda sembrava diventata triste e non riusciva più a dormire di notte. Sarebbe tornata in Italia per sistemare le sue faccende e avrebbe detto in modo civile addio a quell'uomo, che una volta era stato importante nella sua vita. Si chiedeva con quante donne avesse fatto il suo gioco perfido e, soprattutto Linda si poneva la domanda se potesse avventurarsi a contattare la figlia che viveva in Olanda o forse il fratello più giovane che abitava a due passi dalla casa di Nini.

Anche Richard aveva osservato Linda prima della sua partenza per l'Italia.

"Dai ti accompagniamo, sei ancora troppo debole… Lasciati aiutare da noi, con un uomo del genere devi essere preparata a tutto!… Soprattutto (e dopo un po' di esitazione da parte sua) non fidarti quando comincia a invocare i suoi problemi di salute,Linda! Per favore, ragazza mia, stai attenta e tieni gli occhi aperti! Non farmelo ripetere quello che ti ho già detto! Vai da lui e porti via tutte le tue cose e soprattutto, digli di togliere i manoscritti di Nini dal suo computer… ma sei proprio stata una ragazza ingenua!"

"Devo insegnarti come trattare gli uomini? Non avevi più esperienza di me?"

"Scusami Linda, non volevo… davvero, scusami!"

Nini guardava la sua amica che non riusciva a trattenere le lacrime.

"Scusami di nuovo non volevo proprio, sono stata cattiva."

"Fa niente"

fece Linda.

"Con tutte le volte che lo sono stata io con te nel passato… che cosa dovevo aspettarmi. Nessun uomo mi potrà più rendere felice, a parte Giosuè… spero almeno che lui capisca. Non vorrei che si fosse sentito offeso dal mio rifiuto di accompagnarlo nella sua tournée. Sono felice che l'abbia chiesto a Lorenzo… è giusto che passi un po' di tempo con il figlio adesso.

C'è tempo per pensare all'amore, ho l'intera vita davanti a me… e visto che devo riguardarmi"…

Adesso Linda guardava la sua amica del cuore con un' aria diversa, come fosse quella sorella nella quale poteva avere la massima fiducia. Una sorella per piangere sulla sua spalla. Un'amica per la vita e forse ancora qualcosa in più. Nini le aveva dato i migliori consigli e con l'aiuto di Richard era riuscita a scoprire in quale pasticcio quell'*uomo generoso e tanto malato* l'aveva attirata, come fosse un ragno in cerca della sua preda.

"A proposito… Linda porta subito via i tuoi scritti, il tuo diario… lo sai che mi serve per il mio libro. Dai fanciulla, sei ancora carina… questa volta scriviamo un libro insieme. Tu sarai la mia musa ed io la mano scrivente, fai capire a Carlo che dedico un libro a lui, fagli capire che anch'io avevo una cotta per lui così il *galletto* s'incastra da solo!"

Richard aveva preso delle informazioni sul conto di Carlo ed era riuscito a scoprire che durante il periodo che era studente, Carlo aveva ricattato il suo professore d'università. Vabbene che era un pedofilo, ma Carlo non aveva il diritto di sfruttare la situazione e far sì che ottenesse un posto importante all'università!

"Che vergogna, che porco" anche aveva detto Richard.

"Ci sono dei bambini che sono delle vittime dei pedofili e vivono tutta la vita con il trauma della gioventù, invece lui ha sempre sfruttato la situazione e di sicuro il Monsignor de Kerkbraecker non era stato una persona qualsiasi... lui era il decano!

Vergogna della vergogna!... Stai attenta Linda un uomo di questo genere è capace di tutto, cerca di tendergli una trappola e vedrai ne uscirai vincente! Ma fai attenzione cercherà di commuoverti, di farsi compatire e soprattutto non salire mai in macchina con lui!... Guidava già come un pazzo quando era giovane, figurati adesso con tutti quei farmaci che prende!... Lo sai che il prof. Malacrida è un mio carissimo amico italiano, sono a conoscenza di tutti i farmaci che prende!... Stai attenta non posso dire altro e... se avessi bisogno di noi, un bel fischio e hups arriviamo! Lo sai che fra poco vado in pensione e posso permettermi qualche svago! Coraggio non lasciarti prendere dalle troppe emozioni! Sei ancora forte! Ricordatelo!"

Linda era salita sull'aereo baciando Giosuè in modo passionale.

"Torna presto amore!"

aveva detto e Lorenzo l'aveva guardata dalla coda dell'occhio. Linda l'aveva interpretato come un leggero rimprovero per tutti quegli anni che aveva dovuto sentire la mancanza di suo padre.

Durante il volo aveva pensato ai mesi scorsi e come tutta la sua vita era cambiata in un attimo di tempo, come fosse quel soffio del vento che bacia il mare dopo una leggera brezza.

Il suo cuore batteva in modo regolare come fosse il tic tac di un orologio che chiede l'aiuto e sostegno prima di essere posto nel cassetto del comodino. Linda s'immaginava già come sarebbe stata bella la sua nuova vita. Una vita che stava solo per iniziare, come avrebbe camminato a fianco a Giosuè, e forse alla sensazione più bella di tenere una nipotina per mano. Si vedeva già sulla spiaggia di Malaga con la piccolina che dava dei calci ai sassolini che avrebbe trovato per la sua strada. Alle risate folle di felicità e a Lorenzo e Sabina che l'avrebbero aspettata la sera prima di mettere la piccolina a nanna.

Linda si domandò come l'avrebbe chiamata, quella piccola nipotina, che sarebbe cresciuta in modo felice e con il suono di una chitarra che suonava "I giochi proibiti". Un suono che aveva curato il suo cuore e che d'ora in avanti l'avrebbe accompagnata durante la sua nuova vita.

Si domandò se anche Giosuè potesse percepire quei

sentimenti stupendi che arricchivano il suo cuore e se anche lui stesse pensando a lei in questo preciso momento. Lei in alte sfere… lui in quelle più basse, con i piedi per terra e, forse con la testa fra le nuvole quando pensava a lei.

Linda doveva ridere pensando a queste ultime parole. Era vero era letteralmente in alte sfere a più di duemila metri dal suolo della terra, forse anche di più perché l'aereo era in fase di decollo. Mentre guardava dal finestrino, un breve messaggio illuminò il suo cellulare.

"Amor mio ti penso, ti abbraccio hai un figlio stupendo. Ha il mio carattere! La tua flemma ma i miei occhi!… La tua bocca… ma il mio cervello!"…

Un attimo di silenzio, un piccolo intervallo come stessi al cinema e aspettasse il seguito del film che si avvolgeva davanti ai suoi occhi, ma questa volta nel suo cuore. Linda stava per arrabbiarsi per un attimo… Un altro messaggio.

"Piccola mia, dai scherzavo!… Devo farlo, faccio parte del gruppo che ti prendono in giro adesso! Sei la mia piccola donna fantastica, non dimenticarlo mai! Sei rimasta tale quale da quando ti avevo conosciuta, quel giorno! Ti ricordi, amore, grande amore della mia vita!"

Linda aveva chiuso gli occhi e non voleva pensare più a niente, nemmeno a Ezio, che aveva lasciato una piccola ferita nel suo cuore.   Forse a Kurt… ma non c'era tempo, né l'occasione questa volta. Fu svegliata dal telefonino che vibrava. Linda si era dimenticata di spegnerlo e quel piccolo mostriciattolo di un telefonino si muoveva sul tavolino della poltrona davanti come volesse stuzzicare il suo cervello. Qualcosa per aprire quello scrigno che era stato chiuso il giorno che aveva lasciato Torino… tanti mesi fa!

Era Carlo!

"Che fine hai fatto, devo vederti… si vede che sei molto arrabbiata con me per meritare il tuo silenzio. Ho la diarrea, sto male. Baci buona giornata!"

"Hups"

pensò Linda.

"Cerca di riprendere contatto con me. Quanto è romantico con la sua *diarrea* e dire che non voleva nessuna intimità con me… Avrà bisogno di una domestica, o di qualche *governante* per sentire le sue idee spremute da un cervello ormai in forte declino."

Linda aveva scoperto che più l'avesse fatto soffrire, più aveva riflettuto sull'attuale situazione e non si sarebbe fatta combattere da un uomo senza scrupoli che l'aveva usata per ottenere una firma su un documento che secondo Richard scottasse!

La donna aveva deciso di recuperare il più in fretta possibile i suoi preziosi documenti lasciati nel suo appartamento che ormai *puzzava* dall'ipocrisia e non solo della polvere dell'area condizionata e gli escrementi dei piccioni che si arricchivano sul davanzale della finestra.

Si domandò come riuscisse a vivere in questo modo e come aveva potuto regalargli ancora quei vestiti nuovi senza pensare a sé stessa. Le sue battute cattive dopo avevano solo fatto capire quanto potesse essere meschino e quanto aspettasse come fosse un corvo, per appropriarsi dell'ultimo cibo di una carcassa di un animale schiacciata sull'autostrada. O forse era quella gazza che cercava l'ultimo anellino d'oro nascosto nel suo scrigno da portar via... o forse... no! No... questo non poteva dirlo. C'era un pensierino cattivo che passava come un lampo davanti ai suoi occhi per atterrare nel suo cervello.

No! Era una *delicatezza dei profumi di rose*, un pensierino che sfuggiva nella sua mente delicata di donna ferita per cercare un nascondiglio, prima di arrivare nello scrigno di un angolo perduto, nel più profondo abisso dell'oceano...

"Che cosa sto facendo?"

Si domandò...

"Mi sto buttando di nuovo nella sfera della depressione. Nell'incubo di un vaso di cristallo chiuso in un cassetto dal quale non potrò mai più uscire. Devo trovare la forza di andare avanti. Devo combattere!"

Senza che se n'era accorta, la sua mente era diventata di nuovo triste e sembrava annegarsi in un mare di guai e colmo di pensieri tristi, che non volevano più scoprire il tramonto.

I suoi occhi diventarono pesanti e le lacrime bruciarono come l'acqua salata del mare nei suoi occhi.

Dove era rimasta Nini e Richard e, soprattutto, il sostegno di quei ragazzi innamorati e giovani. Dove erano rimaste quelle risate che l'avevano fatto sorridere, anche se il suo cuore aveva pianto dalla disperazione!

Linda era sconvolta. Avrebbe voluto correre lontano in un prato forse troppo verde per i suoi piedi e forse troppo lontano per trovarne la fine!… Dove era? Dove era quello scrigno della felicità che aveva appena acquisito e nascosto in un posto calduccio del suo cuore, un attimo prima di decollare?

Linda si guardò attorno.

"Meno male che sono in aereo"…

pensò…

"Non posso fare le mie stupidaggini, devo pensare a

qualcos'altro"

e si chiudeva gli occhi così stretta che sentiva un dolore forte attraverso le palpebre. Era come questi occhi volessero evitare che penetrasse un filo di luce. Una piccola speranza per essere felice!

Si sentì ancora più debole di prima e la forza le sembrò mancare. La sua mente era triste e si sentì come venisse coccolata da una musica triste. Una Traumerei triste che non riusciva più a capire e si domandò:

"Che cosa ho fatto nella mia vita per avere ignorato la mia felicità. Per aver percorso la strada sbagliata in qualsiasi momento della mia vita. Di aver imbucato un sentiero come fosse una passeggiata notturna che non conosce né l'inizio, né la fine e per quale scopo? Per quale motivo? E per quale maledetta ragione non riesco a oppormi a questo bastardo destino!"

Linda stava per urlare tutti i suoi dispiaceri e doveva trattenersi per non scoppiare in una cascata di lacrime che avrebbe fatto naufragare l'intera cabina dell'aereo.

"Chissà che cosa avrebbe detto il pilota!"
Pensò…

Chissà come la gente l'avrebbe guardata… Doveva soffiare il naso e le mancava il fazzoletto. Doveva prendere una boccata d'aria e le mancava il respiro. Si sentiva andare in apnea e, si domandava se il suo cuore avrebbe resistito a tutta l'agonia di un cervello che non era riuscito a decollare insieme a lei.

Sì, doveva salire sull'aereo e quel piccolo cervello, come tutti l'avevano definito, era rimasto in preda al panico nell'aeroporto di Bruxelles, in fondo alla scala di Zaventem con una piccola bottiglietta di profumo sotto il braccio come se volesse fare un ultimo tentativo di riconquistare un professore universitario. Un professore che sarebbe caduto ai suoi piedi in estasi per la bellezza del corpo dal quale quel piccolo cervello era riuscito a sfuggire…

"Che tragedia!"
Pensò Linda.
"Pensare di me stessa come fossi una nullità. Una cosa da buttare via! Vedi come mi ha ridotto quel deficiente di Carlo! Adesso mi manca tutta la mia autostima! Quel farabutto in cerca di sole donne ricche per fargli passare una vecchiaia spensierata alla riva del lago di Avigliano! Schifo! Doppio schifo!…

Nient'altro di una minestra di verdure marce che bollano in una pentola troppo vecchia per solo sfigurare su una stufa moderna, come i fornelli sofisticati della casa di Carlo! Schifo! … E, nient'altro che doppio… triplo schifo! Beh!"…

Linda rideva nel suo cuoricino per la piccola luce di speranza che sembrava voler combattere la disperazione del disprezzo vissuto tanti mesi fa e che, in una ripresa, invano cercasse di arrampicarsi alle sponde di un lago in declino di nome: "Carlo"!

Si guardò attorno, alcune delle persone presenti nell'aereo avevano notato il suo disaggio. Ma il mondo gira per conto suo e nessuno aveva notato che le sue lacrime trattenute erano lacrime di un dolore femminile e non di una paura di volare in un aereo che sembrava diventare il gabbiano Livingstone!...

Ci fu uno squillo del telefonino diverso, come fosse una musica lontana che non poteva addormentarsi...

"I giochi proibiti" suonavano con dolcezza e sottofondo.

"Da dove viene quel dolce suono?"
pensò Linda senza accorgersene che i giochi si erano svegliati nella sua borsa a mano posta nel cassonetto dell'aereo sovra la sua testa.

"Ma rispondi! Diamine... Che cosa hai? Vuoi farci sentire tutta la sinfonia? Dai sbrigati! Rispondi!"...

Con tanta vergogna Linda si era alzata in cerca del telefonino che suonava la sua dolce melodia in fondo a una valigetta nascosta sopra la sua testa. Era come gridasse e implorasse di essere sfiorata e presa in mano e magari guardata davanti a tutti... ma, Linda non ci arrivava.   E, mentre cercasse di togliersi una scarpa e aggrapparsi allo schienale della poltrona dell'aereo, la giovane stewardess l'aiutò e le passò la borsetta

Carisa di un color allegro, e alla quale spuntava il musetto di una tartaruga.

Con tanta delicatezza Linda prese il telefonino in mano e ascoltò la voce dolce di suo figlio che suonava insieme al padre "I giochi proibiti".

27

Era stato un gesto gentile da parte dei suoi amici, regalarle un telefonino d'ultimo grido sul quale andare in videoconferenza con tutti che l' amavano e stimavano!

Linda aveva preso l'agendina per gli appunti dalla sua borsa e, decisa di combattere i sentimenti nefasti che Carlo nutriva nei suoi confronti, cominciò a fare l'elenco di tutte le cose che doveva ricuperare da quella casa di Torino, nella quale aveva sparpagliato l'ultimo fiato dei suoi cinquantanove anni e tutti i sentimenti che stavano evoluendo in un epilogo senza buon fine verso un uomo di nome Carlo!

Si domandò com'era diventata cieca alla realtà... Orba peggio della più triste talpa nascosta nel profondo della terra. In mezzo ai vermiciattoli e bruchi che non potevano sfidare con l'ultima corsa verso un rifugio sicuro. C'era solo l'attesa di essere divorata da mister talpa in persona o da qualche ghiro finito per sbaglio sotto terra, nell'ultimo tentativo di ibernarsi dal freddo invernale. Linda si sentiva distrutta nell'anima come fosse quella talpa senza la sua piccola pelliccia che la rende preziosa per ingannare qualche pellicciaio disonesto.

La donna, alla soglia dei suoi sessant'anni, aveva vissuto un anno in un incubo dal quale si stava svegliando pian pianino e dal quale sentiva la lentezza muoversi, come fosse un braccio addormentato che sente il formicolio di un gatto che accarezza nell'ultimo istante un pelo morbido. Una cosa innocua prima di arrotolarsi come un gomitolo di lana su un letto matrimoniale, che avrebbe avuto come ultima destinazione e finalità il torso nudo di un uomo virile, e non il tocco leggero di un micione che cerca di impadronirsi di quel posto sacro chiamato in modo volgare "letto"!

Con le idee poco chiare, Linda era scesa dall'aereo. Ha camminato verso il bagno e si è sistemato un po' i capelli che erano uno spettacolo da vedere.

Una raffica di vento aveva alzato quella piccola chioma che coronava la sua testolina, graziosa, come avesse avuto una quarantina di anni.

Era ancora una donna elegante. Non tanto alta ma con degli occhi stupendi che finalmente brillavano nello specchio del bagno delle donne.

Linda si sentì privilegiata e ammirata. Di nuovo era consapevole della sua bellezza e non pensava più in modo triste a quegli stupidi commenti di un uomo che ormai era sul precipizio del declino!

Si domandò come avesse potuto sopportarlo così a lungo e

come mai non si era resa conto prima, di tutti i valori che nascondeva nella sua anima.

È vero aveva fatto degli sbagli nella sua vita. Aveva inseguito un amore romantico ma ne era valsa la pena e pensava adesso in modo positivo a quest'ultimo sbaglio che aveva commesso nella sua vita: Carlo! Quell'uomo che le faceva pensare a Nietzsche e i racconti de: "I Vierwaldstaedtermer"! Un uomo che aveva fatto i primi passi verso una morte annunciata e dal quale voleva staccarsi completamente. Lui non era degno del suo amore, nemmeno della sua considerazione… Figuriamoci del suo affetto o compassione addirittura!

"Non vedo per quale motivo dovrei sacrificarmi!" pensò…

"Sono giovane, lui decrepito ed io? Correrò sulle spiagge abbandonate dietro Giosuè e mi farò abbracciare e baciare da lui come fosse l'unica corsa del destino valida da percorrere. Mi farò coinvolgere in un amore travolgente! Tanto non potrò più rimanere incinta! Ho una voglia matta di fare il sesso come si deve e quando e come mi pare! E chi se ne frega se quell'uomo solitario non mi può far godere, nemmeno se avesse divorato una scatola intera di Viagra!"

Linda doveva ridere con quest'ultimo pensiero ed era felice che suo figlio fosse lontano e non potesse percepire queste idee magiche che condividevano in pieno i sentimenti del cuore!

"Mi godrò la mia vita in pieno! Ascolterò la musica quando mi pare, senza dover preoccuparmi che un uomo decrepito mi dice che sono grassa quando spalmo il burro sul mio panino e lo guarderò con gli occhi della realtà, come se avesse la pelle di un elefante che cerca di nascondersi prima di sfinire per sempre dietro il cespuglio dell'ultimo riposo!… Amen!"

Linda aveva delle idee nefaste ma divertenti che percorrevano la sua mente adesso. Nella sua anima si sentiva più forte che mai e ormai decisa a prendere la sua rivincita e soprattutto ricuperare in fretta il tempo perduto, senza doversi preoccupare se Carlo avesse avuto la diarrea o se fosse caduto nella più profonda e triste situazione di apnea!

Chi me lo fa fare! Pensò…

"Sacrificarmi per uno che non mi stima, per uno che mi ha solo usata, che ha cercato di fregarmi con un fascino al quale non riesco più a sciropparmi?"

Linda si guardava mentre percorreva il lungo corridoio che la conduceva verso l'uscita dell'aeroporto. La sua figura snella risaltava nei vetri e lo sguardo di tanti uomini la seguiva, come fosse una foglia leggera che riusciva a toccare una nuvola solitaria che sfiora l'azzurro del cielo.

Finalmente si sentì realizzata e felice, e nessun uomo, di sicuro non Carlo, l'avrebbe potuto buttare giù da quella sfera magica sulla quale viaggiava adesso. E... di tutto questo doveva solo ringraziare la fiducia ritrovata che aveva aperto lo scrigno della felicità, che aveva un nome ricco di mille suoni: Giosuè!

28

Linda era arrivata a casa tardi quella sera. Richard e Nini avevano fatto l'impossibile per rendere il suo arrivo il meno traumatizzante possibile. Una Mercedes nera aspettava Linda e un tassista gentile la accompagnò quella sera a casa. Un percorso lungo oltre cento chilometri.

Il gentile uomo aveva aspettato fino al momento che vedeva che le luci erano accese in casa.

Linda si sentì sicura e protetta e finalmente poté anche aprire quella scatola che si muoveva con tanta impazienza... Una pelliccia grigia spuntava fuori dai piccoli fori di una gabbietta. Il tassista aveva nascosto un bel gattone grigio all'ultimo momento, come fosse un pacco da regalo. Linda poteva ammirare quel bel micione di Nini che era stato così tenero e affettuoso durante il suo soggiorno in Belgio. Garfield si sentì spaesato, ma dopo aver bevuto un po' di latte e aver assaggiato una scatoletta di Shiva, si sentì di nuovo a suo aggio e con un breve ron ron s'installò sul letto matrimoniale di Linda. Era come volesse evitare che qualcun altro avesse potuto sfiorare il posto ormai destinato a Giosuè.

Linda era troppo stanca e aveva nessuna voglia di disfare le sue valige.

Si è buttata sul letto vestito com'era, stanca morta del viaggio, buttando i suoi sandali estivi il più in alto e lontano possibile.

La notte fu tranquilla e senza pensieri… Forse solo un sogno di una spiaggia lontana e tanto amore…

La mattina presto fu svegliata dal suono del suo nuovo palmare, la melodia dei Giochi Proibiti suonava nella sua mente come fosse un bellissimo sogno e, ancora con la testa nei paesi dei sogni, Linda si rese conto alla fine di uno squillo esistente che era il cellulare che squillava e non la dolce musica della chitarra di Giosuè.

"Per bacco vuoi rispondere quando ti chiamo?"

Lorenzo più impaziente che mai. Era ancora in pensiero per la malattia che aveva colpito la sua mamma all'improvviso e non voleva correre il rischio che stesse male un'altra volta. Tutto sommato Linda si trovava da sola in Italia ad affrontare mille problemi adesso e Lorenzo non era sicuro che avrebbe avuto la forza di affrontare Carlo.

"Hoi, scusami lo sai come sono fatto… dai mammina non farci caso!"

"Eh va bene! Dimmi come sta Sabina e…"

"Guarda lo puoi anche dire sai… Io lo chiamo papà se poi se tu hai voglia di chiamarlo coccolino, peluche o pupazzetto sono c… tuoi!"

"Lorenzo! Come ti permetti di prendermi in giro adesso! Pensa piuttosto a organizzare la festicciola del mio compleanno! … Non sto scherzando, la voglio festeggiare insieme a Nini e Richard e…!"

Una voce rauca si sentiva tossire come fosse l'eco dell'ultimo tocco della chitarra di Giosuè…

"Ciao amore come stai? Che cosa fai di bello? Non dirmi che vuoi più bene a Garfield che a me…. Stai attenta arrivo in un lampo!"

"Ma che cosa hai? Sei raffreddato? Hai corso troppo sulla spiaggia ieri?"

"Ma figurati! Io correre sulla spiaggia dietro quei due innamorati?   Non ci penso nemmeno! Loro mi hanno lasciato in pace tutta la sera e… la notte!"

"No! Non mi dire… Passami un attimo mio figlio!… Non deve stare fuori tutta la notte!"

"Ma sei impazzita? Lo sai quanti anni ha? Tu che cosa facevi alla tua età?… Scherzo… dai non fare dei capricci adesso!"

"Scusami Gio… ma non sapevo… non so… Insomma che cosa ti hanno detto Nini e Richard sul mio conto?"

"Niente? Perché? C'è qualcosa da dire? Avevi combinato qualcosa? Non mi ricordo vuoi che chieda a loro?… C'è qualcosa che devo sapere? Hai dei segreti per me?"

"Ma… lo vuoi smettere di prendermi in giro, il telefono costa sai!"

“Pago io!”

“Non vuol dire niente! Poi mi tocca a… fa bene lo sai che cosa voglio dire e… le cose del passato sono… cosine che appartengono a me…

Sono solo dei giochi innocenti, piccoli segreti fra Nini e me… due amiche del cuore…!”

“Non è possibile!… Mi ricordo ancora quando eravamo insieme che non potevi soffrire Nini in quell'epoca!”

“Ma che cosa dici… epoca! Non siamo per niente vecchi!… Non è perché il mio *orologio* ha rallentato il suo tic e tac che… Stavo per dire *mica* ma Nini mi ha detto che è una parola bruttina. Devo cambiare stile se voglio accompagnarti durante i tuoi tournée!” Né che mi porti!?”

“Se fai la brava sì!… Dai amore devo salutarti, c'è Sabina che ti vuole parlare!”

“Ciao Saby, che cosa mi racconti di bello?”

“Lo sai che Garfield non deve andare nel giardino in Italia, si potrebbe perdere e poi devi tornare subito in Belgio, ti aspettiamo al nostro rientro mi raccomando!…”

Sabina trattava Linda come fosse quella bambina piccola che era da proteggere, ma a Linda faceva piacere e voleva un bene d'anima alla fidanzatina di Lorenzo.

“Che fortuna”
pensò,

“Finalmente una grande e bellissima famiglia”.

Lei e Nini riunite come una vera famiglia e questo grazie all'amore di Giosuè e dei figli!

Linda si sentiva felice oggi e piena di forza per affrontare la *questione Torino* lasciata in sospeso. Pensava come avrebbe affrontato il problema e doveva essere preparata a difendersi da sola. Carlo avrebbe fatto di nuovo uno dei suoi trucchi per farsi compatire e forse per incastrarla nuovamente in uno dei suoi giochi perfidi da vecchio mascalzone!

Non aveva nemmeno avuto il tempo di vestirsi che sentì un sms in arrivo sul telefonino! Come diamine aveva scoperto che era tornata a Torino, non lo sapeva.

"Ah..., forse l'autista le era smembrato un viso famigliare!" pensò.

Era proprio lui!... Lo stesso uomo simpatico che l'aveva accompagnata circa un anno fa alla stazione di Torino, quella notte che era dovuta tornare a casa di Carlo e che aveva passato la notte insieme a lui.

Linda era sovrappensiero, doveva ammetterlo era un bel ricordo ma quello doveva finire ormai nell'ultimo cassetto dello scrigno... Se almeno ci fosse stato uno!

"Ciao vengo a trovarti oggi, non sto bene ma vorrei provarci!"

"Non ci provare nemmeno!"

Era la sua reazione.

"Vengo io a Torino e aspettami!"

Linda ha preso il treno direzione Torino a malavoglia e non era per niente disposta a sentire le sue solite polemiche o... voleva dire *str...zate*!

Mai Linda era caduta così in basso con i suoi pensieri, ma quest' uomo la fece sentire come fosse atterrata in un pozzo di fango lurido, pieno di cose appiccicose che non avevano nemmeno il valore di essere menzionate. O forse sì.... Erano quelle cose appiccicose che ti rimangono attaccate alla pelle per delle ore intere come fosse l'Attak.   Una colla per non staccarsi mai più o come lo Slime. Quel gioco che una volta Lorenzo aveva dimenticato sulla sedia e sulla quale si era seduta...

"Che schifo!... Che lurido che!... Lasciamo perdere!"...

Pensò tutto a un tratto. Ma era vero Linda si sentì così adesso, piena di cose fastidiose addosso.

Non aveva nessuna voglia di farsi vedere bella da Carlo ed è partita vestita con un paio di jeans e una T-shirt forse un po' troppo aderente per i gusti di Carlo, che di sicuro avrebbe fatto una battuta fuori luogo sul suo seno. Sperava solo che non l'avrebbe guardata, perché sapeva che con il suo sguardo affascinante si sarebbe trovata comunque a disagio.

Che cosa stava pensando...

"Dio mio no! Devo pensare a Giosuè al mio amore per lui", pensò...

"Che cosa m'importa di quel vecchio decrepito che finge di stare peggio quando mi vede e quando va in giro con i figli, anche se ha l'età di fare da nonno adesso, cammina come una saetta!"…

Linda ascoltava la musica incorporata nel suo nuovo cellulare durante il viaggio! I Giochi Proibiti suonavano quasi ogni cinque o dieci minuti!

Una volta era Nini al telefono, di nuovo Giosuè e infine la sua amica del mare!

Dopo un po'…

"Ma smettila!… Conosco il suono a memoria ormai… Cambia disco!"

Un signore anziano, era infastidito dal suono allegro e romantico dei suoi preferiti "Giochi Proibiti" e Linda decise di chiudere gli occhi per sognare quel poco tempo che dovette rimanere ancora in treno. Tanto l'ultima fermata era la sua e anche se si addormentasse dopo la stazione di Carmagnola… nulla poteva succedere!

Dopo un po' è arrivata alla stazione di Torino, e con un saluto assai freddo e con dovuta distanza ha detto all'anzianotto:

"Dovrebbe apprezzare questa melodia lo sa che ha un significato speciale vero?"

"Mmm… oh mimi… mmm madamin!"

Era l'unica risposta che riuscisse a ottenere da quel signore anziano che la sorrideva comunque con la sua *dovuta distanza…*

Linda si sentiva allegra e comunque aveva piacere di vedersi ammirata per il modo, ancora giovane, di vestirsi.

Non aveva nessuna voglia di andare subito da Carlo e aveva preso una bella colazione alla stazione di Torino, si era girata un po' e costatando che Carlo avrebbe dormito comunque, o non sarebbe stato di gradevole compagnia prima della mezza, ha deciso di guardare due negozi. La Rinascente, com'era solita fare e il suo negozio preferito Zara. Non si è comprata niente, ma la buona intenzione c'era…

"Magari la settimana prossima"
pensò…

"Oggi non sono tanto in vena. Devo sbrigare una cosa spiacevole!"

Finalmente era arrivata alla casa di Carlo.

Ha voluto entrare e ha suonato il campanello del suo ufficio.

"Ha un appuntamento?"

Una segretaria antipatica, che sembrava avesse masticato il più aspro dei limoni, le ha risposto.

"Non mi serve un appuntamento, lo sai chi sono vero allora non essere così permalosa!"

Zaffate! L'aveva sistemata in un batter d'occhio! Era pronta ad affrontare qualsiasi truppa di bufali giganteschi o qualsiasi mandria di tori impazziti... Anzi doveva dire aironi, perché Carlo era quasi ridotto come uno scheletro!

"Cattiva, Linda... doppio cattiva!"

Era così che pensava di sé stessa adesso, come dentro di lei ci fosse un diavoletto che voleva stuzzicarla e facesse solletico al suo cuore per mantenere il ritmo giovane.

Finalmente Carlo aveva aperto la porta. Si trascinava dietro un tubetto trasparente che all'estremità era bloccato dalle sue due laringi...

"Molto romantico e molto finto!"

pensò Linda. Si ricordava troppo bene come suo padre aveva avuto lo stesso problema e non stava di sicuro con quell'aspetto *gioioso* per farsi compatire come lo fece Carlo adesso!

"Eccolo"...

pensò Linda,

"è questa la sua difesa, la sua scusa per tutte le cattiverie che mi ha fatto ed io che sono stata così stupida a lasciare le mie cosucce da lui!   Devo ricuperare in tutta fretta le lettere dell'ultimo romanzo di Nini e il mio diario, e i miei peluche... e vai... via!"

Linda non sapeva più come ordinare le sue idee. La battaglia stava per essere vinta… Ma, ci fu una tregua!

"Devo andare in bagno spostati cara… ho la diarrea"…

"Come siamo romantici!"…
pensò Linda.

"Giosuè mi regala dei fiori e questo la c… NO!"

Di nuovo! Non pensarci Linda non farti combattere dal suo egoismo, se no perdi la battaglia (un piccolo diavoletto sembrava voler darle una spinta, ma Linda s'inciampava sul filo trasparente, che aveva tanta voglia di finire con due bollicine nel naso di Carlo!) "Scusami Carlo"…

"Sei imbranata come mia figlia",
povera piccina pensò Linda, e dire che la bimba ha solo dodici anni!   Che padre… Ma no, dopo un po' …

"Povero uomo"

Pensò… e…

"prenderò le mie cosucce la prossima volta!"…

Ma, quello che Linda non sapeva che non ci sarebbe stata una prossima volta… Carlo, il furbetto, aveva teso una trappola, anche se non era mortale, ma comunque molto velenosa alla coraggiosa e determinata Linda.

Approfittando del suo fascino, creduto irresistibile, voleva ingannare Linda per l'ennesima volta.

"Ho cambiato i miei due computer... sono vecchi ormai".

"Ma quanti anni hanno?"

Come fosse stato un discorso di un furetto che ha una vita assai breve.

"Due anni perché? Ma io li uso tutti i giorni e tutta la giornata!"

"Non è possibile!"
pensò Linda e una voce esclamò nella sua anima:

"Stai attenta quello te la fa grosso!"...

"La mia amica di Savona usa il suo computer ventiquattro ore su ventiquattro e non è ancora fuso!"

"Lo sai che il mio. Forse... devo ricuperare duecento mail"

"Un corno (scusate)!"

Pensò Linda... Questo mi vuole ingannare di nuovo!

"L'hard disk non si rovina!"

Hups! Linda aveva fatto lo sbaglio più grosso della sua vita.

Adesso il furbetto di nome Carlo sapeva come comportarsi e avrebbe fatto sparire anche questo di fronte a un eventuale controllo delle finanze. Era quella la malattia di Carlo, la sua diarrea... le sue ansie... le notti in bianco! Gli psicofarmaci. Lui non sognava Linda in un dolce abbraccio d'amore di notte. Lui sognava il dolce abbraccio con il calore delle fiamme gialle che spiavano il suo respiro anche attraverso le bollicine fragili, che cercavano di sparire in mezzo alle laringi sporche di Carlo che ometteva di tanto in tanto a soffiarsi il naso…

"Beh che schifo! Che lurido!"
pensò Linda.

"Non vorrei essere al posto di questo tubicino grazioso. Ahimè papà come almeno tu eri elegante anche durante il tuo ultimo respiro!"

Linda era sovrappensiero e mentre Carlo spariva per l'ennesima volta in bagno, per il dolce appuntamento con la sua *diarrea*, vedeva l'opportunità, fra una riparazione frettolosa di un vecchio dizionario di tedesco, che era in condizioni disperate in mezzo a due libri snelli ed eleganti, come stesse supplicando:

"Dai aiutami… vorrei sopravvivere"!

Linda ha preso il dolce dizionario di tedesco in mano, ha preso lo scotch e mentre sfiorava le dolci pagine del vecchio libro, ha preso la sua foto, provocante in costume da bagno nei fiori dei suoi anni, e l'ha fatto scivolare nella sua borsa. Carlo ignaro dell'accaduto, era troppo preso dai suoi *soliti problemucci* non si era accorto di niente...

"Amore, sono troppo stanco per portarti a pranzo… lo vedi come sono ridotto! Scusami, sarà per un'altra volta!"

“Un corno! (scusatemi)”…

Prima di arrivare a dolce destinazione Linda aveva visto scendere il suo dolce affettuoso Carlo dalla macchina, lui era uscito dalla vettura senza bomboletta *gas* e senza bastone per sostenersi!

È vero era dimagrito, ma forse era la sua coscienza che stava divorando pian pianino quelle belle budella morbide che giacevano nella sua pancia.

Ormai Linda non riusciva più a pensare in modo affettuoso a quest' uomo che l'aveva tanto umiliata come donna, che l'aveva fatta sentire brutta nonostante che era stata ammirata da qualsiasi uomo che incontrasse per la strada e… figuriamoci! Gli sguardi di Bruno, il suo idraulico, parlavano mille voci leggere che sembravano volare come fossero delle farfalle in cerca di un piccolo bruco nascosto dietro una pianta.

“No! Linda non è possibile! Un bruco non si mangia perché è una piccola farfalla in crescita come il cocoon di quel film!”
(di nuovo la piccola voce del diavoletto che teneva l'umore di Linda al massimo livello d'allerta!)

Linda doveva pensare alla battuta della sua anima, che stava dandole i consigli più vivaci in un momento di grande disperazione o no?

No, Linda non si sentì depressa. Lei sentiva un fuoco bruciare dentro il suo cuore, come fosse il gas di una bombola d'ossigeno che cerca una via più piacevole per la destinazione finale di un brutto labirinto che serve per…

Insomma! Pensando al cocoon, forse se riuscisse a convincere Carlo a far parte del *film* sarebbe vissuto meglio e più a lungo possibile e non avrebbe più dato fastidio a nessuno, e…
di sicuro non avrebbe sprecato la fiamma insistente e gialla che forse stava respirando sul suo collo!

"Carlo, dolce Carlo! Dove eri… e dove sei con le tue idee in questo momento"…
pensò Linda sfiorando la sua foto ricuperata.

"Meno male che Giosuè non sa che avevo dato questa foto!"….

"Ma non sapevo nemmeno un anno fa che avrei incontrato il mio amore" .

Pensò in fretta. Come fosse una valida giustificazione per la sua coscienza che fioriva come un'anima giovane, e che dava tanta forza al cuore di battere. Piccoli battiti minuti… piccini piccini per pensare solo a lui quel grande e dolce musicista di nome Giosuè Rodriguez: il padre di Lorenzo!

"Waoah!"

Pensò Linda…

"Sono ben presa questa volta e dire che fra poco compio sessant'anni!

Vorrei vestirmi come piace a lui, camminare come piace a lui e correre come piace a lui, insieme sulla spiaggia di Malaga o… di Ostenda, o d'Arenzano."

No! Questo non sarebbe stato possibile perché i sassolini l'avrebbero impedito e avrebbe fatto la figura comica di una che sembrava che stesse camminando sui carboni ardenti!

Il ritorno verso casa fu piacevole. Non aveva ricuperato le sue cosucce, ma era comunque soddisfatta di non essere stata intrappolata dal senso di dovere o dalla compassione per Carlo.

Linda pensava a Garfield, come il gatto le avrebbe fatto le fusa e come si sarebbe divertita una volta arrivata a casa, vicino al cammino guardando la vecchia TV, nella speranza che questa sera non bruciasse la sua ultima candelina!

La sera ha ascoltato "I Giochi Proibiti" e si è stesa su una spiaggia lontana, nei ricordi di una vita vissuta vent'anni fa. L'amore era bello e i suoi occhi splendevano di nuovo come in quella prima notte, consapevole che sarebbe sempre stato così.

L'indomani ha deciso di fare l'elenco di tutte le cose che doveva ricuperare dalla casa di Carlo. Ignara che lui avrebbe fatto l'ultima mossa da giocatore di scacchi. Linda era preparata, ma quello che lui non sapeva era che Linda conosceva il gioco di scacchi spirituali… Sempre l'aveva fatto!

Due giorni dopo si è presentata in ufficio di Carlo come da accordi presi, Lui non si è fatto trovare e Linda ha dovuto recarsi al quarto piano, dove si trovava il suo appartamento. Il *furbetto* non l'ha fatto entrare e… quello che non avrebbe mai aspettato da lui…

Carlo ha chiesto l'assistenza della concierge nel vano tentativo di *cacciarla via*, come se lei fosse una criminale pericolosa che avrebbe potuto violentarlo.

Carlo ha rifiutato di restituire tutti gli effetti personali di Linda anche incluso i manoscritti di Nini e… l'unica consolazione rimasta a Linda era chiedere l'assistenza *delle fiamme gialle* nella speranza che avrebbe trovato l'hard disk e che questa volta sarebbe stato molto… ma molto hard!

Carlo l'ha mandato l'ultimo messaggio scrivendo che lei lo molestava! Erano mesi che non l'aveva visto e durante il suo silenzio lui l'aveva mandato tanti baci!

"Decrepito"!

Pensò anche se l'avesse voluto molestare, niente era da molestare… proprie niente, ma nemmeno sotto il più grande microscopio che esistesse al mondo! Niente!… Sarebbe stato come fare l'amore con una formica e… purtroppo questo non si può… no!

"No!"

Urlava il cuore di Linda…

“Come avrebbe potuto inventare una cosa del genere!”

Carlo era sempre convinto che Linda lo amasse ancora e si era scordato della sia ultima battuta, che era colma d’indifferenza, colma di *lontananza verso orizzonti nuovi da scoprire*!

Come poteva essere così pieno di sé, così egoista e senza scrupoli da aver impegnato l’intera famiglia in un percorso a senso unico, la creazione di una società ONLUS… destinazione finale LUI!

29

Linda era andata via da Torino, delusa dell'atto non compiuto... O, detto meglio, di essere naufragata nel vano tentativo di portare via le sue cosucce e anche i manoscritti inediti di Nini.

"Come potevi essere così stupida!"
aveva ancora detto la sua amica...

"Va bene che mi ricordo tutto a memoria... ma c'è un limite a tutto! Ci sono certe battute che mi vengono spontaneamente e... chissà se riesco a inventarle di nuovo! Sciocchina che sei stata!"...

Linda si sentiva come un vermiciattolo che cercava di nascondersi all'ultimo atterraggio di un uccello affamato. Il suo cuore era triste, ma non abbastanza triste per non guardarsi attorno e notare un bimbo di tre o quattro mesi appeso come una scimmietta sul petto del babbo. Il pullman è arrivato e con un bellissimo splash ha letteralmente battezzato il piccolino, che era rimasto con gli occhi spalancati. Linda non riusciva a capire, dallo stupore che leggesse in questi occhietti, se era perplesso per l'acqua schifosa e lurida o, se il piccino era convinto che questa fosse un'onda del mare.

A un tratto si mise a calpestare con i piedini come fosse gioioso dell'accaduto e felice di aver assaggiato, prima dell'urlo disperato per la prima vaccinazione, qualche bibita straordinaria.

Lo sguardo del bimbo era divertente e Linda si ricordava come una volta aveva fatto presente a Carlo come lo trovasse assurdo che i bimbi erano attaccati al petto della mamma o del papà, come fossero delle scimmiette da portare in giro.

Aveva letto un articolo che una volta una giovane mamma era scivolata e il bimbo, che portava sul petto, era rimasto gravemente ferito alla testa.

È vero le vecchie ed eleganti carrozzine erano sparite e forse davano fastidio alla popolazione sempre più in crescita, che non sapeva più come o dove camminare sui marciapiedi. Era come andare in giro con un carrello del supermercato in pieno giorno in una città affollata. È vero, Carlo l'aveva guardata e detto:

"c*z** (era così che si esprimeva ultimamente) che cosa te ne freghi di come va in giro la gente! Fai i c*z**... (di nuovo) tuoi!"

Linda l'aveva guardato e fatto un commento sul famosissimo libro di Konrad Lorenz: "L'altra faccia dello specchio". Di sicuro il famoso etologo non sarebbe stato felice vedendo l'uomo ridotto a imitare le scimmiette della giungla!

Non era una cosa divertente come nel libro di Mowgli!

Non affatto! Le scimmiette non stavano mai nella stessa posizione sul petto della mamma...

No! Loro scivolavano a destra o a sinistra, o sulla schiena o in mezzo alle chiappe di mamma scimmia, tutto secondo i movimenti e salti che faceva da un albero all'altro, fra una scimmiata e l'altra e... soprattutto quando mamma scimmia doveva preoccuparsi della ricerca disperata di trovare qualche pulce che camminava sulla testa di *fratello scimmia* più grande. O, forse sulla testa di *papà scimmia,* il vicino di casa *albero.* Quest'ultimo gesto non era mai interpretato come un tradimento, tutt'altro! Le scimmie non facevano l'amore fuori casa... Solo cercavano le pulci fuori casa e bimbo o bimbetta scimmia imparava dalla mammina dove era il buon cibo, pescato meticolosamente in giro senza dover stancarsi troppo. Miam miam!...

Linda doveva ridere per la faccia che aveva fatto Carlo in quel monologo che aveva fatto quella volta. Se si fosse trovata di fronte o accanto a Giosuè lui di sicuro avrebbe riso della situazione e avrebbe fatto finto di cercare nella sua bella chioma una pulce immaginaria per farla ridere. I due si sarebbero travolti dalle risate e... hups sarebbe finito come finiva sempre fra di loro. Zuup! Sotto le belle coperte calde di un bel letto magico... Non immaginario! E, senza dover divorare una scatola intera di Viagra!…

"Beccati questo Carlo!"

pensò Linda.

Lei non aveva più nessun rispetto per quell'uomo che era solo una grande offesa alla sua femminilità. Un uomo che era pieno di sé all'apparenza e dentro…

vuoto come una vecchia conchiglia che deplora la perdita della sua famosa perla. Sempre se mai ce ne fosse stata una!

Linda ridacchiava con le scene e pensò di nuovo al bimbo che era in posizione di *dondolio* sul petto di papà. Chissà quale imprinting avrebbe fatto oggi, pensò Linda. Avrà visto un cinesino, come ci sono tanti a Torino e avrà pensato:

"Questo è il nonno?"…

o forse

"huu… huu... Mamma con gli occhi chiusi?"

"No!"…

Niente affatto all'età di quattro mesi avrà pensato:

"Una città piena di alieni!"…

Animaletti per la strada, vedendo un barbone con due furetti immobili che sembravano dormissero, ma forse erano talmente *fatti* che non riuscivano più a distinguere dove era la loro *ruota* di divertimento e preferivano, vedendo la città di Torino in trance come un incubo di allucinazioni, chiudere i loro occhietti disperati per non essere divorati da quella stazione enorme di

Porta Nuova che sembrava venirli addosso da un momento all'altro.

Il vagabondo era lì immobile e con i denti rotti in bocca, salutò il bimbo con gli occhi spalancati che non si rendevano nemmeno più conto se dovevano piangere o ridere. La piccola smorfietta attorno alla bocca non diceva pappa... o miam miam o ho ho gogo... Niente affatto! La sua testolina dondolava come il *gongolo* di una volta in Striscia la Notizia e...

Hups... dopo un tentativo invano di addormentarsi... Zaffate! Papà che scendeva giù dal gradino del marciapiede per svegliarsi bruscamente!

"Mamma!... Aiuto!"...

Il suo cuoricino battendo ancora più forte...

"Mamma!"...

Urlava la sua piccola voce in silenzio nel cuoricino che batteva più forte!

"Papà!... Il nonno è diventato nero! Aiuto!"

Certo un altro imprinting era necessario, senza spiegazione qualsiasi impatto del giorno era buono! Prima di imparare a camminare e a dire le dolci parole: *papà o mamma...* avrebbe detto: *stronzo* (scusatemi), perché era quella la parola più diffusa nella città di Torino e in particolare in via Roma. Una via popolata da diversi barboni che chiedono elemosina e, rimanendo *insoddisfatti* urlano *stronzo* dietro ciascun passante che non da qualche spicciolo!

Non era tutto! No! Per carità ci sono anche i clown adesso che stanno lì immobili e sono giganti! Sono tutti bianchi e fanno le mimiche come i vecchi (mettimi tu che leggi la parola, anzi meglio il nome, per favore… anzi, ti supplico perché mi sfugge in questo momento e non ho voglia di cercarlo!) clown veneti.

La faccenda è che bimbo bellissimo arriva la sera a casa. Non ha più sonno, ma è costretto a dormire. Nella sua cameretta al buio o in mezzo ai due corpi di papà e mamma, distrutti dal lavoro quotidiano, rivede tutto l'imprinting *non digerito* della giornata e hups… Saltano fuori le aliene!

Un babbo con la faccia da cinese e le mani da africano. Un nonno che scodinzolava come il cane di uno dei barboni e… mamma ha la faccia del furetto che tira fuori due dentini come fosse Dracula che cerca di risucchiare il sangue… invece era un cono di gelato sciolto color fragola!

"Ma in che mondo viviamo!"

Pensò Linda a un tratto, con le sue idee troppo lontane dalle faccende noiose che l'avevano coinvolta con la storia di Carlo *tutto fare e poco dare!*

Finalmente si era seduta in uno scompartimento del treno… destinazione finale casa, dolce casa e giochi con Garfield, il bel micione pacioccone.

Non poteva non pensare alle scimmie e alla giungla e non vedeva l'ora di chiedere a Nini che cosa pensasse delle sue polemiche sul nuovo imprinting.

È vero era lontano *il dolce dondolare* di un bimbo nella culla o nella carrozzina elegante di una volta. Le mamme che facevano attenzione a non scendere troppo bruscamente con i loro bimbi nella paura di svegliarli… Nessuno guardava il piccino che era nascosto dietro una specie di voile o *zanzariera* per impedire che fosse punto da qualche insetto che porta la filaria…

Zuups! (No, Linda questa battuta è una questione di cagnetti! Il diavoletto si era svegliato nell'anima di Linda, preoccupandosi che la *non ancora stagionata vecchietta* fosse decrepita in anticipo!)

Non ci volevano tanti pensieri ed era come Nini avesse letto nel pensiero di Linda.

Rrrrr…g… (la vibrazione del telefonino…)

"Hoi!… allora com'è andata? Gli hai detto le quattro verità?"

"Ma che! Mi ha cacciata via come fossi un mostriciattolo, una donnina di pochi soldi!..”

“Che cosa ha fatto… brutto str…”

“Hoi… chi è che dice le parolacce adesso?”

“Scusami Lin ma quando ci vuole, ci vuole! A proposito come mai sei ancora in treno a quest’ora che cosa hai fatto a Torino?”

Linda si mise a raccontare le sue impressioni della giornata e…

“Hoi… Nini, che cosa pensi delle scimmie nella giungla?”

“Come… stai impazzendo? Che discorso stai facendo… Hai sniffato?”

“Ma sei fuori?… Per chi mi prendi lo sai che non ho mai sniffato… a parte quando ho il raffreddore e mi manca il fazzoletto!”

“Dai scherzo!… Che cosa ti hanno fatto le scimmie questa volta? Stai parlando di Carlo vero?”

“Ma che cosa dici, non affatto!… Sto parlando delle vere scimmie quelle che vanno in cerca dei pidocchi o delle pulci o… che ne so io che cosa cercano sulla testa del loro compagno!”

“Di sicuro non il cervello che sta fuoruscendo!”…

Nini non faceva altro che ridere al telefonino e questo sembrava innervosire Linda, che non poté non pensare alle scene nella giungla.

Le scimmie che saltavano da un albero all’altro, i loro piccoli bimbi *scimmiette* appese al collo, così avevano le braccia libere, e con una zampa riuscivano a raccogliere una noce di cocco appesa in cima all'albero...

Linda si mise a ridere. Nini, ignara di quello che stesse succedendo sul treno, fece l'ennesima domanda stupida:

"Ma che cosa hai? Ti sono saltati i nervi? Dovresti essere triste per la storia di Carlo e invece ti metti a ridere come una pazza!"

Linda raccontò tutta la scena a Nini e come la scimmia fece cadere una noce di cocco sulla piccola testolina del suo bimbo che vedeva mille stelline in pieno giorno...

Entrambi si misero a ridere al telefono e la gente in treno ridacchiava anche, nonostante non era consapevole del vero motivo di tanta allegria.

Linda stava per piegarsi in due quando tutta a un tratto un giovane ragazzo fece:

"Ma questo non è niente... la cosa peggiore è quando la scimmia scivola sulla buccia della banana appena mangiata! Allora sì che c'è da ridere!..."

Linda lo guardò con gli occhi perplessi e lo sconosciuto e lei si misero a ridere seguito dalla voce lontana di Nini che, anche se era a distanza di oltre mille duecento chilometri aveva ascoltato il fracasso che fece eco nel treno.

"La vedi la scena, le scimmie che picchiano la testa fra di loro mentre scivolano sulla buccia di una banana!..."

Linda doveva comporsi o la giornata sarebbe finita in un pianto isterico.

I suoi ultimi pensieri, dopo aver chiuso la conversazione con la sua amica, furono delle visioni della giungla e una piccola scimmietta che guardava in faccia a un leone, convinta che papà scimmia portasse la parrucca!...

Dopo aver giocato con Garfield, Linda è andata a dormire e si è alzata tardi la mattina dopo. Nella sua mente viveva il contenuto delle lettere inedite del manoscritto di Nini lasciato, per sbaglio, da Carlo.

Linda era orgogliosa della sua amica, ma aveva paura che ormai il *vecchietto* avrebbe potuto interpretare il contenuto in modo del tutto sbagliato!

...” Da ragazzina di diciotto anni, non me ne facevo un problema perché non conoscevo l'amore fisico e... forse dovuto alle cose passate, mi sono fatta un'idea diversa dell'amore.

Per me amare è qualcosa di speciale, un sentimento fortissimo... una cosa inspiegabile... e soprattutto accettare l'altro com'è, però senza dover negare i propri sentimenti in cui credo. È vero, ti ho amato forse dall'inizio che ti ho visto, ma anche se eri un bel ragazzo (non hai perso il tuo fascino) mi ero innamorata del romanticismo che c'era in te, del modo in cui mi guardavi, del tuo rispetto e... avevamo qualcosa in comune: la nostra passione per la letteratura, forse anche l'amore per Heinrich Heine...

La voglia di stuzzicarci l'uno l'altro, non lo so... ma soprattutto c'era quell'intimità delle ore passate insieme, è vero tu insegnavi per l'intera classe, però mai guardavi le altre ragazze... solo Marleen e me.
E tutta la classe se n'era accorta. Forse perché eravamo le più brave, non lo so... c'era un feeling diverso lo devi ammettere anche tu...

Adesso mi dirai: "Vedi sei ancora innamorata del prof di una volta!

No, amore mio, non lo sono perché nemmeno io sono la stessa ragazza fisicamente, nel cuore forse sì... Sono sempre quella romanticona alla quale piace sognare e vedere le nuvole che volano, ma quello che vorrei farti capire è che non posso vivere un amore come dici tu... Tutte le coppie che vivono a distanza hanno qualcosa in comune, o un figlio, una casa, la macchina, un cane, o un conto in banca. Noi non abbiamo niente in comune, nemmeno il letto nel quale ho potuto dormire alcune volte... e viviamo solo a una distanza di cento chilometri l'uno dall'altra. Il problema è quello che sento nel cuore. Ho bisogno di sentirmi amata, anche fisicamente, non fraintendermi non parlo del sesso adesso. Ho bisogno di sentirmi coccolata con un bacio sfuggito magari sulla guancia, o con una carezza, con un abbraccio... Non posso vivere un rapporto basato su un messaggio ogni tanto con la paura anche di offendere, dipende dai momenti i cui lo leggi...

Vorrei vivere la mia vita in modo tranquillo, magari coccolata dalla persona che mi ama davvero, che mi fa sentire donna perché mi stima...

magari che mi guarda in silenzio e dal suo sguardo capisco tutto il suo amore per me... Sono piccole cose che uno non può sentire quando uno sta lontano dall'altro. Un colloquio verbale può rassicurare una persona, sono piccole cose che noi non abbiamo...

Non credo che ti manderò ancora un'altra lettera dopo questa... tu lo sai quello che provo per te, ma non credo di farcela. In amore la comprensione deve venire da entrambi le parti. Non sei pronto per una convivenza, nemmeno io. E lascerò a te la decisione... forse quando avrai bisogno di me per sistemare "le tue cose"? Non farò mai più un'improvvisata, non ti chiamerò finché tu non mi chiami... ma, non so quante settimane o giorni potrò resistere. La fiamma del mio cuore si era fortemente riaccesa quando ti ho rivisto e ti ho amato con i problemi che avevi e che hai. Ma ti sei comportato diverso nei miei confronti ed è inutile che te lo spieghi, lo sai benissimo...

tutto ti faceva piacere... fino al momento in cui ho fatto un'improvvisata e chissà vero che cosa avrei potuto scoprire! Involontariamente la mia fiamma che si chiama amore si sta spegnendo, come fosse un fiore che uno ha lasciato nella casa di campagna e dopo tante, troppe settimane di non essere stato annaffiato, quando il proprietario l'ha rivisto nello stato svanito ha detto: "Ma credevo che sarebbe fiorito, sta nella terra...

"E' vero, ma certe volte o l'estate è troppo calda o l'inverno è troppo gelido e il fiore senza cure se ne va... appassito per fiorire mai più...

Mi domando solo se passa troppo tempo, se non sia troppo tardi! L' amore è come un fiore, va coltivato. Il bulbo è invecchiato e lo sai anche tu che non si possono usare gli stessi bulbi in eternità.

Con questo concludo questa mia ultima lettera... Non mi farò più viva, mi sfogherò sui miei libri e... spero che mi capirai. La vita è un gioco di scacchi... bisogna essere in due per giocarla, ciascuna mossa ha un suo valore, ciascuna pedina persa... spiana solo la strada verso la vittoria... c'è solo la regina che aspetta! Basta non perderla..."

Linda era commossa dal pensiero che queste lettere, che facevano parte del nuovo libro di Nini, avrebbero avuto un'interpretazione diversa agli occhi di Carlo.

È vero, Linda aveva parlato di lui con la sua amica, ma doveva capire che queste non erano parole destinate a lui, ma parole di un romanzo che Nini stava scrivendo e... erano cosucce che appartenevano a Linda. Mai Carlo aveva prestato attenzione alle sue cose. Ma conoscendo la vecchia volpe si poteva aspettare di tutto adesso.

Invano Linda cercava di ricordarsi del libro: "Il salice piangente" e che Nini le aveva mandato una lettera commovente, come se stesse soffrendo per un amore perduto...

"L'immagine del mio amico d'infanzia è crollata, l'orgoglio del mio terreno, il motivo forse perché tenevo così tanto a questa casa che mi ha portato tanto dolore... In questo mese, questo carissimo amico avrebbe compiuto quindici anni, era uno spettacolo vederlo nella sua crescita, nel suo orgoglio di affrontare le temperie della natura. Il suo tronco non era uno qualsiasi... era scolpito con le rughe della natura come se volesse far scendere le sue lacrime, per non farmi capire il suo grande dolore.

Tu... non lo puoi capire, forse una volta quando leggevi le mie poesie e capivi il loro significato, adesso vedo che mi guardi in silenzio e non so se riesci a provare il dolore che provo adesso.

Non ho nessuno che mi stringe forte al suo cuore in questo momento. Non ho nessuno con il quale posso confidare il mio dolore. Non ho nessuno che riesca a capire il mio amore per la natura dalla quale faccio più parte di quello che puoi immaginarti. Il motivo?... Non te lo posso dire, perché in questo momento non credo che mi potresti capire. Lui, il mio salice piangente, era il sosia del mio vero amico del Belgio, lo stesso tronco, la stessa grandezza...

Il suo modo imponente di salutarmi con un soffio del vento, l'orgoglio della crescita in primavera... Non credo che mi potresti capire...

Lui piangeva le lacrime come fossero delle gocce di latte. Lui era una parte della mia vita... Non ho parole per descrivere il mio dolore perché nessuna espressione, nessun sentimento può competere o esprimere la bellezza del suo essere.

Avrei voluto non scriverti questo, il mio dolore è immenso, e mi sento in colpa per non averlo fatto potare la settimana scorsa. Sono stata egoista a inseguire le mie idee e propri pensieri senza dare ascolto alle lacrime che scendevano e, non mi sono accorta che avevano sfiorato il mio viso per l'ultima volta..."

Linda al ricordo di queste parole e al dolore che aveva letto negli occhi di Nini, si rendeva conto quanto le mancasse la sua amica adesso, suo figlio e Giosuè!

30

Ogni volta che Linda sentiva squillare il telefonino sperava che fosse suo figlio o Giosuè. È vero aveva stretto una forte amicizia con Nini e suo marito... ma la vita la portava in una direzione diversa adesso.

Linda voleva vivere più che mai anche se nella sua anima era ferita e soprattutto qualcuno aveva dato un *pugno* nello stomaco delicato di nome: *orgoglio di una donna.*

"Come si era permesso di approfittare di lei"...

Pensò Linda, ignara di quello che Carlo aveva fatto subire alle altre due donne. Linda non sapeva se ne fossero state di più, nella sua vita.

Una volta lui aveva fatto un'insinuazione su un flirt avuto con la sua vicina di casa. Aveva specificato che non aveva fatto l'amore con lei... però i baci e le sue solite str... c'erano state!

"Hups!"

Pensò Linda ci risiamo! Un'altra parolaccia! Ogni volta che pensava a Carlo, le scappava qualche cosa in più del dovuto. E, questo era soltanto un modo provocatorio della sua anima per esprimere tutto il disgusto e la privazione di sentimenti provocata all'atmosfera e l'aiola misteriosa che fluttuava la sfera del suo subconscio!

Linda doveva ridere con l'espressione delle sue stesse parole come fosse stato il tocco di un gatto imprudente che sfiora le corde di una chitarra... Destinazione finale un collasso disastroso sul pavimento!

"Garfield!" la mia chitarra! Piccola delinquente di un micione grosso che sei altro!"

Micio gatto guardava Linda con i suoi occhi belli verdi come se volesse far diventare gelosa qualsiasi ballerina di cristallo su un portagioielli...

"Quanto sei dolce... micio Minou, micio bello... piccolo amore... Garfield! Che cosa fai con la mia chitarra non è un gioco... smettila!   Ti rispedisco in Belgio!"

Bestiaccia! Sei contento adesso! Ma che cosa mi combini! Pussi via!"...

Garfield non fece caso all'impertinenza di Linda e con un bel ron ron crun cron... miao sfiorava le braccia di Linda, sdraiata sul divano come questo posto fosse destinato a diventare un'isola solitaria, soggetta a tutte le burrasche della natura... e, ce ne sarebbero state tante se non avesse ricevuto una mail di suo figlio.

"Mammina stiamo arrivando! Arrivano rinforzi... tieni duro! La battaglia è nostra!"...

Linda non sapeva se fosse felice o se dovesse piangere. Il suo cuore batteva un ritmo frenetico, anche se non avesse bisogno di sapere se ci fosse quel piccolo soffio che recava un leggero disturbo dopo un periodo di stress!

"E vroum ci risiamo!"

Fece Linda.

"Quanto sono patetica e diventata nevrotica con questa situazione poco vivibile e di una noia mortale! Per quale motivo Dio buono non mi sono divertita per un anno intero a fare delle compere… a starmi a sentire magari anche i complimenti del mio idraulico, Bruno, quell'uomo simpatico un po' birichino ma… è il suo modo di fare".

È vero, ci pensava,

"è più giovane di me di dieci anni… ma non ho fatto niente di male! Solo pensato… guardato e osservato lo splendore dei suoi occhi quando mi fissava."

L'altro giorno lui aveva detto:

"Linda a forza di stare in una casa fredda ti sei ben conservata per i tuoi sessant'anni, manco ne dimostri cinquanta!"

Si era sentita arrossire in presenza di lui e sapeva che se non ci fosse stato Giosuè che tenesse a bada il ritmo frenetico del suo cuore… qualche pensierino anche *piccino* molto… ma *molto piccinino* ci sarebbe stato… e come! Non ci sarebbe stato niente di male! Anzi!

Linda non pensava più alla rabbia provocata da quel vecchiotto senza scrupoli e si domandò come avesse fatto a farsi trascinare da lui in un impatto quasi frontale di una macchina... No, meglio dire un fuoristrada con un cammello nel deserto!

"Povero cammello!"

Pensò Linda.

"Speriamo che abbia fatto il pieno se no... altro che lividi e bugne che "ballano" appena la bestiola si alza e mastica, come se avesse il più grosso chewing gum o tabacco americano in bocca!"

Dopo un po'... Linda non sapeva più che cosa fare e non aveva nemmeno guardato l'ora... era passata mezzanotte!

" Che c'è?"

"Che cosa hai Nini perché fai questa voce?"

"Perché sto dormendo"...

poi quasi con un respiro trattenuto nell'ultimo momento in gola, come fosse un piede che s'inciampa su un sassolino...

"Stai male? Che cosa hai? Sei in ospedale?"

"Ma che cosa dici? Sono in pieno deserto!"

"Dove è che ti trovi?"

"Richard... amore svegliati! Linda è nel deserto!"

Linda sentiva nel sottofondo una voce rauca…

"Ma finitela con le vostre stronzate!… Ma che razze di amiche siete? Siete due pazze ecco quello che siete!"

"Ma Nini che cosa avete? Perché andate a dormire così presto?"

"È mezzanotte!… Linda che cosa ti prendi! Mi fai fare delle figure! Aspetta un attimo non mettere giù mi metto la vestaglia e poi mi racconti con calma tutto quello che hai… o non hai fatto nel deserto!"

"Ma lo sai che sei peggio di quando eri giovane… adesso sei completamente fusa! Altro che pazza… sei… lasciamo perdere poi te la faccio pagare quando ci vediamo, e sarà più presto di quello che ti aspetti!"

"Ma lo vuoi, o non lo vuoi sapere che cosa sto facendo nel mio deserto? A parte il tuo gattone di nome Garfield mi ha distrutto mezza chitarra! Che bestiaccia che è!…"

"Lin! Smettila adesso e fai attenzione come parli perché vengo immediatamente in Italia a riprendermi il mio micio bello ! E… mi sono scordata di dirtelo non mettere dei vestitini a Garfield come facevi una volta con il tuo gatto quando eri piccola!"

"Ùm! Mi hai fatto venire un'idea adesso! Domani comprerò

un biberon e qualche ciuccio e lo metterò in bocca al tuo gattone pestifero così impara!"

"Lin! Fai attenzione a quello che dici e... non ti azzardare ti manderò il conto dello psicologo!"

"Perché Nini... stai male quando ti parlo così?"

"Nini... ci sei ancora? Pronto?... Dai rispondimi!"

Nini non ce la faceva più...

"Ma la vuoi smettere di rompere a quest'ora! Lasciami dormire per favore... Ti supplico per favore, non torturarmi ogni volta che soffochi nella tua solitudine di donna abbandonata, naufragando nei sogni di sesso!"

"Oih... la signora del medico si è offesa! Suppongo che lo strizzacervelli sarebbe stato per Garfield vero?
Vuoi che lo mandi alla scuola di musica per gatti così si può esercitare meglio con qualsiasi strumento... Forse un violoncello ha le corde più lunghe e... si divertirebbe di più! Che cosa dici?"

"Lin! Adesso... se non fai attenzione, ti tiro letteralmente il collo attraverso il filo del tuo telefonino e vedrai come ti divertirai a diventare una corda sulla chitarra di Giosuè che suona i suoi giochi proibiti!"

"Ma, Nini... lo sai che stai parlando a doppio senso adesso vergognati ragazza mia!"

"Ma che cosa dici non ho fatto nessuna battuta oscena...

str…. No, non è vero! Stavo quasi per dire una parolaccia… Mi mandi fuori di testa, è quello che fai! Bestiaccia di un'amica, altro che Garfield a forza di stargli vicino ti comporti come lui!"

"Dai Nini vuoi sapere che cosa ho fatto nel mio deserto?"

"Sì"…

Dopo un po' la voce di Nini diventò più tranquilla, meno sonnolente e quasi curiosa per sapere che cosa avesse combinato la sua amica nella lontana Italia…

"Ho investito un cammello con la mia fuoristrada"…

"E scommetto che il cammello ha un nome vero… non è così Lin?"

"Sì!"…

"E… come no! Si chiama Carluccio vero?"

"Oh! Ma sei anche gentile adesso a dire il suo nome a posto mio!"

"Spero solo che il tuo cammello non sia ferito!"

"Sì invece l'ho investito con piena forza e ci sono andata addosso e ancora di più finché non ho provocato dei bei lividoni alla sua gobba!

Ecco perché ti chiamavo…Non mi ricordavo più come si chiamavano quelle bugne sulla schiena ecco… ci sono, sono delle gobbe! O debbo dire una gobba!"

"No ci sono due! E… Che faccia ha fatto il cammello? Era

sofferente?”

“No! Per niente… ma ho visto che aveva due ciglia belle lunghe come la Naomi Campbell!”

“Poverina che cosa c’entra adesso lei con il tuo cammello?”

“Niente, ma anche lei ha delle belle ciglia…”

“Non mi dire che ti stai di nuovo innamorando di Carlo!”

“No! Piuttosto del mio cammello vedessi che ciglia!”…

Dopo un po’… Linda non sentiva nessuna battuta dall’altra parte …

“Lo sai che i cammelli masticano del chewing gum americano?”

“Ma stai scherzando?”

“No! No… no, e quando sputtano, è un po’ di vecchio tabacco!”

“Lin… ma la vuoi finire a quest’ora di notte!”

Richard si era alzato e Nini, all’insaputa di Linda, aveva messo la viva voce.

“Se non fate attenzione, vi farò partecipare con un biglietto di sola andata a Parigi Dakar! Poi ci diamo l’appuntamento dopo una tempesta di sabbia ecco quello che vi faccio!… Così vedrete i coccodrilli. Ma che roba da matti ed io che pensavo di fare il dermatologo in pensione, anzi dovrò inventare una crema per consolidare il vostro cervello… Altro che cellule staminali! Qui ci vuole un trapianto vero… e di midollo spinale, anzi di un intero cervello! Che roba da matti, che bambine viziate voi e la vostra giungla che è in continuo movimento!"

Nini aveva guardato suo marito e non riusciva a seguire il discorso di un uomo che sembrava sonnambulo in piena notte!

"Ma amore, che cosa hai? Un cammello non vive nella giungla! Lo sai non è vero?"

"E le vostre scimmie dell'altro giorno? Quelle che sono scivolate sulle banane? Quelle? Vivono anche loro nel deserto? Non ci credo proprio! Diamine che donnine che siete!"

Richard aveva preso un cuscino e tirato addosso a Nini. Le urla si sentivano dall'altra parte della linea e Linda pensò…

"Eccoci ci risiamo loro fanno un bel salto nel… buio! Hups sotto le coperte ed io sono qui in Italia a guardare Garfield che rincorre le mosche immaginarie! Bella faccenda io che volevo essere consolata rimango sconfitta e da sola a contare le stelle invece delle pecore…   Speriamo che almeno una s'inciampi sulla luna così spunta il sole e… vado all'aeroporto!"

"Ciao Nini!"…

Non c'era nessuna risposta, solo una risata in lontananza e Linda si divertiva all'idea che Nini avrebbe dovuto pagare una

bella cifra se il telefonino sarebbe rimasto acceso tutta la notte!
Per rispetto della sua amica ha messo il suo telefonino sotto il
cuscino… ma non l'ha spento!…

31

I giochi proibiti sono giochi di potere o giochi d'amore e questi ultimi non hanno bisogno di parole per esprimersi. Ma quando il gioco diventa difficile, nel vero senso della parola, l'anima si ribella e non ha tregua prima della sconfitta.

Linda si sentiva come il Leone di Waterloo e dentro il suo cuore sapeva di essere quella leonessa che avrebbe vinto la battaglia e non avrebbe accettato nessuna tregua... Non finché una bestiaccia non sarebbe crollata ai suoi piedi.

Non ci volevano delle parole per indovinare chi sarebbe stata la bestiaccia! Avrebbe avuto solo un nome, non ci voleva l'aggiunto di un cognome, Carlo era sufficiente e se proprio qualcuno avesse insistito sul cognome da dargli, ci sarebbe stata la scelta:

Carlo Opportunista, Carlo Menefreghista, Carlo Egoista, Carlo Farabutto, Carlo Mascalzone, Carlo Futurista... come pensò Linda Carlo futurista!... Ecco deve essere questo!
"Brava Linda!"

C'era di nuovo quel piccolo diavoletto nello scrigno del suo cuore che bussava alla porta per uscire.

Carlo Futurista, perché i pensieri fulminanti e pestiferi che Linda nutriva adesso nella sua anima lo vedeva già far parte di quella piccola particella di polvere, che sarebbe rimasta attaccata alle orbite prima di esplodere nel firmamento. E… avrebbe fatto storia nel futuro, come fosse il primo uomo ridotto in dieci milioni di piccoli pezzi frantumati. Tutto questo dopo una sconfitta del peggior bulldozer che una leonessa infuriata sarebbe stata capace a guidare nei bassi fondi della battaglia di Waterloo! Altro che idea stupenda di un Napoleone sconfitto che marciva su un isolotto. Il carissimo, affettuosissimo Carluccio del suo cuore sarebbe stato sconfitto nella battaglia del ventunesimo secolo e con un vento siberiano (anche se non avrebbe avuto la forza di arrivare fino in Belgio, solo in modo immaginario e futuristico) e, dopo una bella soffiata, avrebbe fatto parte di quello spazio enorme che si chiama in modo affettuoso "firmamento"… per un dolce riposo fra le ceneri di mille e uno fantasmi colpiti dai meteoriti!

Linda si è addormentata con un bel sorriso sul visino, mentre Garfield aveva le sue zampette intrufolate nei suoi lunghi capelli, come fosse quel dolce abbraccio di cui avesse così tanto bisogno.

32

Linda era partita presto l'indomani. Era troppo agitata per guidare la macchina e aveva deciso di partire in treno, direzione aeroporto Caselle.

Aveva dormito male e non vedeva l'ora di riposarsi in pace durante il viaggio, anche se era una questione di un'ora e mezzo. Arrivata a Torino Porta Nuova avrebbe preso un taxi, un vizio che la fece pensare a Carlo.

Qualsiasi spostamento lui facesse... sempre in taxi a spese della *sua* Onlus, un'associazione che voleva bene solo al suo padroncino, tanto malato, ma con tanti vizi da vecchia volpe!'

Linda non voleva pensarci e si domandò se pensasse a lui perché provava ancora qualche sentimento per quest'uomo o se si trattasse di una semplice *compassione*... Lei non lo sapeva e non voleva pensare più agli ultimi giorni passati in piena discussione con lui e le sue teorie fantomatiche!

Era sovrappensiero e si rendeva conto che doveva distrarsi perché se no, sia Lorenzo sia Giosuè avrebbero notato la sua anima depressa che stava naufragando e questo non ci voleva proprio!

Mentre guardava dalla finestra, assai sporca, del treno vedeva una mandria di mucche bianche che pascolavano come fossero appiccicate tra di loro. Erano molto robuste e in lontananza vedeva un pastore belga correre. Linda si ricordava del suo paese, il Belgio, e come questi cani facevano adesso quasi soltanto la guardia nelle vecchie cascine e per la protezione e difesa della polizia.

"Peccato!"

Pensò...

"Una volta c'erano di più nelle zone di Bruxelles e andavano a spasso con il loro padrone nel parco di Uccle", la zona dove una volta abitava.

Un po' di più in lontananza c'era un'altra mandria che pascolava liberamente ed erano raggruppate in un cerchio. Un cane, assai piccolo, correva attorno a loro, ma Linda non riusciva a distinguere la razza e si sentiva triste di non essere in grado di osservare lo spettacolo da più vicino.

È vero la carne Piemontese era molto rinomata in Italia, e doveva ammetterlo in queste zone del cuneese le mucche erano trattate molto bene ed erano anche belle robuste.

Linda era triste e cominciava a ricordare il passato. Non capiva più come prendere la situazione in mano e pensava a suo nonno che era sopravvissuto ai campi di concentramento, Buchenwald, poi Dachau e alla fine... Auschwitz.

Nessuno aveva capito il motivo del suo arresto in quei tempi di guerra. Era eroe della prima guerra mondiale ed era stato uno dei pochi superstiti della battaglia dell'IJser nelle Fiandre. Mai aveva tradito i suoi amici, ma lui era stato tradito da un postino che non gli aveva consegnato il mandato dei lavori forzati in Germania. Lui avrebbe potuto scappare se l'avesse saputo in tempo o nascondersi come fecero gli altri… ma no!

Il postino di Boom aveva tenuto la lettera della Gestapo nascosto e … era stato terribile! Linda si ricordava adesso gli occhi tristi del nonno e di quegli sguardi *nel vuoto* come stesse cercando nella lontananza un motivo per vivere o… un perché a tante domande irrisolte.

Lui era stato un uomo silenzioso, di aspetto severo, ma con un cuore d'oro. Era un uomo che riusciva a commuoversi per la caduta improvvisa della neve d'inverno, o le foglie colorate che scendevano ai suoi piedi mentre camminava nell'erba bagnata in autunno.

Era una persona tranquilla nelle apparenze, ma molto severo con sé stesso. Non veniva mai a compromessi e inseguiva le sue idee come credeva nel migliore modo possibile. Alcuni lo chiamarono *testardo* ma Linda non lo vedeva così, per lei era perseveranza, ambizione per arrivare dove avrebbe voluto arrivare. Linda aveva ereditato questi doni e ne andava orgogliosa.

Lui le aveva insegnato di camminare sempre con la testa alta, di non vergognarsi mai delle sue azioni e di combattere per la sua ideologia.

Si sentiva triste adesso pensando a lui, a quegli occhi tristi e limpidi come se si nascondessero dietro un velo di foschia che lo proteggeva da tutte le sue paure. Diverse volte aveva visto questi occhi brillare e guardare nel vuoto, come stesse cercando una chiave nascosta tra le nuvole. Era come volesse cacciare via i suoi pensieri tristi e seppellirli in uno scrigno del quale ignorasse l'esistenza. Il suo sguardo sembrava misurare la velocità del vento nelle giornate piovose passate al mare, nella sua adorata Nieuwpoort. Si sedeva vicino al molo e guardava il Mare del Nord con gli occhi della loro stessa bellezza, lo stesso colore grigiastro e come appena spuntasse il sole, questi occhi fossero circondati da un filo argentato che splendeva al sole e faceva vedere ancora di più i piccoli cristalli delle lacrime che non avevano ancora deciso, se bagnare le guance o stare lì a proteggere gli occhi dalla troppa luce del sole.

Era un uomo meraviglioso, silenzioso e pieno di segreti... Lui adorava la nonna di Nini come fosse la sua anima gemella e... Linda si ricordava adesso come questo grande uomo aveva pianto quel giorno al funerale di Melanie, la nonnina di Nini. Era stato un attimo toccante, un dolore immenso tra tante persone, una donna stupenda era morta e aveva portato con sé tutto l'amore della sua nipotina.

Nini non era presente al funerale, si era ammalata dal troppo dolore e dopo non aveva mai più superato il trauma dell'improvviso distacco.

Linda era triste, pensando a quei momenti, solo Marleen le era stata vicina in quegli anni difficili.

È vero Linda non era stata all'altezza di consolarla, lo doveva ammettere. Era troppo indaffarata già all'età di solo dodici anni a farsi bella e graziosa invece di pensare alle confidenze con le amiche e lo studio. Nini e Marleen erano diverse, molto diverse e molto più serie!…

Sì, Linda lo doveva ammettere. La sua amica di adesso, non era una ragazzina che si confidava con tutti a scuola, lei aveva la sua amica di cuore e tutta la classe l'ammirava per il suo modo forse troppo ingenuo a far ridere tutte le ragazzine durante la ricreazione e, Linda lo sapeva, era il suo modo insolito di fare per nascondersi dietro una tristezza insolita, una volta arrivata a casa.

Quanto avrebbe voluto tornare indietro adesso per stare vicino alla sua amica, per dirle che le dispiacesse di essere stata troppo ingenua… di non essersi accorta dei suoi problemi e… di vergognarsi adesso, per tutto l'aiuto che Nini le stava dando adesso. Un aiuto che mai avrebbe potuto contraccambiare.

Nello stesso tempo Linda era felice che la sua amica aveva

trovato un bravo marito.

Un uomo che era stato innamorato di lei appena l'aveva vista…
quel giorno che Nini aveva diciotto anni.

"Quanto era buffo"…

Pensò Linda adesso.

"Mi domando come mai non si è mai accorta di quell'uomo
di dieci anni più grande di lei e così tanto innamorato della
ragazza. Quanto era buffa e ingenua Nini!"

Pensò… ed era vero. La sua amica era molto, forse anche
troppo ingenua, per quello che riguardava il sesso maschile. Lei
si buttavo sui libri come avesse intenzione di divorarli, tanto era
affamata dello studio ed era convinta che l'amore sarebbe
seguito dopo, come fosse un cagnolino che si sarebbe alzato
all'improvviso per decidersi se andare a spasso con il padrone o
rannicchiarsi sul letto e aspettare un altro giorno… e Nini ci
aveva messo tanto!

Linda doveva ridere al pensiero della sua amica e come le era
stata vicina durante questi ultimi anni e soprattutto negli ultimi
mesi. Si sentiva felice e orgogliosa di averla ritrovata e, lo
doveva ammettere, era grazie a Nini che aveva ritrovato il padre
di suo figlio e che finalmente poteva essere felice.

La musica di Massenet suonava nelle sue orecchie. Linda era

appena scesa dal treno e aveva subito riconosciuto quest'adagio. Con malinconia pensava ai giorni passati insieme ai suoi amici in Belgio e, tutto a un tratto, aveva nostalgia di quell'ambiente, pieno di calore umano e di un amore grandioso che rispecchiava tutta la casa.

L'arpa sembrava danzare come fosse una libellula che cerca di sfiorare l'acqua di una fontana e si bagna le ali per svolazzar via con disinteresse per un'estate calda, che ormai ha solo lasciato le sue orme nelle pozzanghere di un autunno appena iniziato.

"Quanto vorrei ascoltare Nini, che suona il Largo di Haendel", pensò Linda adesso o se fosse possibile…

Giosuè al suo ultimo concerto, prima di suonare la sua chitarra, aveva suonato la Mondscheinsonate di Beethoven per la sua piccola Linda e lei era rimasta incantata come volasse su una nuvola leggera, che riusciva ad accarezzare le sue mani e le dita di Giosuè, che si stringevano attorno alle sue come fosse quella felicità che aveva sempre aspettato e di cui aveva così tanto bisogno.

I suoi passi verso il posteggio dei taxi furono fermati da due Egiziani che le chiedevano se parlasse l'inglese. Loro avevano un biglietto per Milano e il capotreno aveva detto loro di andare a Porta Susa, mentre il treno per Milano era fermo sul quinto binario!

Linda si sentiva ammirata dalla gente per le sue spiegazioni in inglese, come fosse una questione di routine per lei e i due signori sembravano aver apprezzato la sua disponibilità!

"Vieni a trovarci a Cairo!"

Fece uno di loro…

"Sì"…

Pensò Linda, come fosse dietro la porta!

"Buona notte!"

Era un po' che non aveva fatto questa battuta che era solita fare quando si trovasse di fronte a una situazione difficile da capire, o un dilemma che non voleva affrontare. Questa volta non sarebbe stata una cosa impossibile. Con i concerti di Giosuè si sarebbe potuto spostare adesso ovunque avesse voluto, ma non se la sentiva, in questo momento, di dare retta a due signori appena incontrati e svaniti nel nulla un attimo dopo!

Il taxi è arrivato dopo un'ora all'aeroporto di Caselle.

Durante il viaggio il tassista era stato così gentile di farle capire che:

"Adesso passiamo a Rivoli… Ecco il Castello signora!"

"E vai! Guardiamoci questo castello da lontano!"

"Carino!"

Fece Linda come fosse l'ultima meraviglia del mondo!

"Ecco la nuova Ikea signora a destra… fra poco siamo a Venaria!…   Vuole vedere il castello di Venaria?"

Linda non ce la faceva più…

"L'aeroporto per favore!… conosco Torino! Abito da parecchi anni in Italia! L'aeroporto per favore…! Grazie…"

Linda ha fatto la sua ultima *esplosione* di *aeroporto* forse con un po' troppo clamore, perché l'uomo ha alzato le spalle come volesse nascondersi per una tempesta di formiche impazzite!

"S… sì, sì signora ci siamo subito!"

Guardandola con aria sospetta nel retrovisore.

"Ci sarà un po' di gente signora! Arriva un musicista spagnolo Rodriguez!

Lei lo conosce è bravo e piace a tutte le donne!"

Linda non ne poteva più!

"Sì… lo so piace anche a me… è il padre di mio figlio!"

"Oh, chiedo scusa signora non volevo… piace anche agli uomini sa Rodriguez… non solo alle donne!"

"E vai!… Ci risiamo!"

Pensò Linda, mille scuse e altre mille battute!

Adesso mi farà pagare il doppio della corsa!

Finalmente il taxi si è fermato all'aeroporto di Caselle e a gran dispiacere vedeva una marea di giornalisti che cercavano di insediare l'aeroporto!

"Dove mi fermo signora Rodriguez?"

"Davanti all'uscita… Non credo di partire se arriva mio

marito!

Che cosa ne dice lei? Ha visto mettermi dei bagagli nel baule del suo taxi? No!... Allora vuol dire che mi deve - per cortesia - se ha voglia... far scendere all'Arrival! Ok? Vabbene per lei?"

"Sì... s..., si signora Rodriguez subito... troverò un posticino lontano dai giornalisti!"

"Basta che non sia troppo lontano... mi fanno male i piedi se cammino con questi tacchi alti!"

"Lei si tolga le scarpe signora... la porto io!"

Linda non ce la faceva più a sopportare quest'uomo tanto ingenuo e troppo servizievole!

"Ma io non voglio essere portata in braccio... ci penserà mio marito, mi faccia scendere per favore!"

"No!... Io non volevo dire questo signora, volevo dire portarla in macchina!"

Linda si sentiva piccola, ma così *piccola* in questo momento di aver *interpretato male* una battutina in un momento che i suoi nervi stavano per andare in cortocircuito!...

33

Linda era agitatissima e non ne capiva il motivo. Era felice dell'arrivo di Giosuè e suo figlio ma, quando scendeva dalla macchina, sentì come un brivido lungo la spina dorsale. Era come qualcuno la tirasse indietro e nello stesso tempo sentiva una mano dolce appoggiarsi sulla sua spalla, come quella volta… tanti anni fa l'aveva fatto Kurt.

"Perché penso a Kurt",
pensava con tristezza…

"Sono felice. Dovrei solo pensare ai miei cari adesso e non farmi travolgere da un amore lontano, forse mai esistito. Ma come poteva pensare quello! Kurt l'aveva amata tantissimo. Era lei che non aveva voluto assecondarlo… per la sua età, o forse perché…

No, a questo non doveva e non poteva pensare. Lui era un bell'uomo quando uno lo conosceva meglio. Aveva quel fascino del poeta tedesco, l'intelligenza di un uomo importante e un carattere straordinario.

Come mai, pensò in sé stessa i miei pensieri vanno a lui… Sono passati troppi anni, più di venti."

Come in un lampo vide il suo viso davanti agli occhi, quegli occhi dolci e romantici, tipici di un bavarese e…

la sua mano che teneva la sua in una dolce stretta, come fosse appassionata da una visione che non l'appartenesse. Come aveva potuto dimenticarlo!   Come aveva potuto rifiutare quell'anello, che forse avrebbe cambiato la sua vita per sempre.

Linda non osava pensare a tutti gli errori che aveva commesso nel passato, ai tempi frivoli della sua gioventù e soprattutto a quei momenti in cui era stata troppo spensierata e… dopo pensava solo a crescere suo figlio.

Mai avrebbe potuto mettersi con un uomo che non amava dopo la storia vissuta con Giosuè. Certo sarebbe stata felice e avrebbe avuto tutto quello che il suo cuore potesse desiderare ma… era quello che avrebbe voluto?

"No! Proprio no!"

Esclamò sottovoce. Dopo l'avventura sbagliata con Jean-Jacques, aveva capito che doveva combattere per la sua felicità e non più rincorrere un uomo ricco, solo per la voglia di appartenere alla high society come aveva fatto sua madre e sua sorella.

Linda era lì sul marciapiede davanti all'ingresso dell'aeroporto. La mano che si era appoggiata sulla sua spalla sembrava scivolare via in un ultimo saluto, come una farfalla che saluta la fine di un'estate troppo calda…

Linda si guardava attorno… Tutta questa gente per il suo Giosuè!…

Tutti ad aspettarlo, chissà per scoprire qualche notizia sul suo passato o presente adesso.

Non poteva sorridere in questo momento e non poteva nemmeno gioire nella fama del suo amore.

La sua mente era perturbata, i suoi pensieri troppo lontani e sentiva una musica lontana come una triste malinconia per un tempo non vissuto e passato troppo in fretta, come fosse quel filo di un ragno che vibra nella rugiada e sembra staccarsi di un momento all'altro. Solo per quella piccola goccia d'acqua che danza come una ballerina che ha perso il suo equilibrio.

I suoi occhi erano tristi adesso e le sue dita avevano voglia di suonare il Largo di Haendel. Con gli occhi semichiusi dondolava come fosse ubriaca di un bicchiere di vino tanto desiderato, ma mai bevuto.

Linda non si era accorta che le porte automatiche dell'ingresso si erano aperte e che due uomini facevano la corsa per abbracciare la loro *piccolina* nascosta nella folla, come fosse quella bambola fragile che sta su un comodino e sorride senza mai parlare.

"Mammina che faccia! Stai male? Non sei contenta di vederci?"

"Ma ché!"

"Avete visto il figlio di Giosuè ha abbracciato quella signora! Deve essere la moglie del musicista... dai scattiamo due foto!"

Linda non riusciva ad afferrare l'atmosfera che si fece sentire come una scintilla invece di quella pace di un attimo sfuggente che sfiora la spalla e accarezza la schiena in un dolce addio…

Giosuè ha preso la sua piccolina fra le braccia. Sembrava un padre che fa dondolare la sua bambina attorno a sé… Tanto era felice e lei non capiva se dovette sorridere o chiudere gli occhi dalla troppa felicità.

Finalmente erano di nuovo insieme! Finalmente si sarebbe sentita più forte e sicura di sé. Le sue dolci labbra non smettevano di baciarla e le mancava il fiato per respirare e fare una delle sue solite battutine com'era abituata a fare.

Giosuè la guardava, dopo un dolce distacco…

"Fatti vedere sei ancora più bella di quando ci siamo lasciati! Come fai a non invecchiare mai!"…

"L'amore fa dei miracoli mormorava un giornalista sotto voce"…

"Allora è questa la tua donna misteriosa, quell'angelo di cui ci parlavi dopo i tuoi concerti… Quelle infatuazioni che credevi fosse un sogno!"…

"Altro che sogno questo è pura realtà!"

Replicò Giosuè.

"Non vedete quanto siamo felici… Avete visto quanto è bello

mio figlio, seguirà le mie orme… anche lui suona la chitarra. La settimana prossima suoneremo insieme"…

"Signor Rodriguez ci racconti qualcosa in più, possiamo vederci più tardi in albergo?… Dove ha prenotato? Al Principe di Piemonte vicino alla stazione?"

"No! Ma che cosa credete? Abbiamo la nostra casa… abbiamo diritto alla nostra privacy! Ci vediamo fra due giorni nell'aula magna dell'università, darò una lezione!"

"Ma, signor Rodriguez… Non ci può lasciare con il fiato sospeso, ci dia una foto, qualcosa da raccontare… Qualcosa che fa clamore. Ditemi quanto volete per la foto!"

Questo era troppo, Giosuè era abituato a stare nell'attenzione dei giornalisti, ma tanta franchezza e maleducazione non aveva mai sentito prima!

Sì voltò con uno sguardo negli occhi che sembrava far gelare tutta la zona in una frazione di secondi. Mai Linda né Lorenzo avevano visto Giosuè arrabbiato così. Lui non diceva una parola, ma quello sguardo era sufficiente per riempire un intero libro di una storia mai scritta!

Linda e Lorenzo si guardarono con gli occhi increduli e stupefatti e… si domandarono quando Giosuè si sarebbe calmato, o se sarebbe rimasto in quella posizione di freddo gelido, come fosse una montagna che non sa se diventare un vulcano, un ghiacciaio o... entrambi.

Le sopracciglia sembrarono unirsi con la piccola rughetta che si era formata sopra il suo bellissimo naso da dio greco.

Le sue guance si muovevano a ritmi insoliti e fecero apparire due fossette che non erano il risultato di una folle risata, com'era solito fare quando era felice.

Quelle fossette assomigliavano sempre di più a un pesce che respira sotto acqua e che non si decide a staccarsi dalle alghe.

I suoi occhi?... Uno sguardo mai visto! Non era la forza di una musica di Tchaikowski che rispecchiava, ma erano come delle frecce di un indiano che cerca di colpire un bisonte infuriato.

Il suo collo sembrava ancora più lungo e Giosuè teneva la testa leggermente indietro, così il pomo d'Adamo si muoveva ancora di più nel vano tentativo di inghiottire l'abbondante saliva che si era formata dallo stress nella bocca.

Le sue labbra sembravano asciutte adesso e lui non ci pensava nemmeno un istante di bagnarle con la lingua, come se questo gesto fosse un'interpretazione al tradimento della sua serietà.

I giornalisti erano muti, come fossero colpiti da un velo silenzioso che riesce a fare la magia della tranquillità. Con disinvoltura Giosuè si è girato verso i suoi cari... con calma come fosse il gesto più normale della sua vita.

"Andiamo a casa… Nini e Richard ci aspettano!"

"Ma ché… mi stai prendendo in giro vero?"

"No! Non pensarci nemmeno e non provarci a farmi arrabbiare adesso Linda, sono troppo serio perché sopporti un altro battibecco!"

Linda guardava Giosuè con gli occhi increduli, come se non conoscesse quest'uomo ed era come stesse scoprendo un lato diverso del suo carattere.

"Amore che cosa ti ho fatto? Non sei felice di vedermi?"

I giornalisti se n'erano andati delusi dalla serietà di Giosuè. Lorenzo aveva preso i pacchi di regali e seguiva la sua mammina a dovuta distanza, con il massimo rispetto per la serietà di suo padre.

Tutto a un tratto Giosuè si mise a ridere e sembrava volesse piegarsi in due e accucciarsi su una panchina.
Teneva il braccio destro sulla pancia come avesse paura che con le sue folle risate potesse scappare.

"Ma che cosa hai amore? Allora mi hai preso in giro!… Non sei arrabbiato! Hai fatto finta… lo fai sempre con i giornalisti?"

"Certo! Che cosa pensavi che raccontassi in due minuti l'intera storia della mia… scusami la nostra vita? Manco ci penso! Nemmeno per sogno!

A proposito andiamo in albergo o possiamo andare a casa tua? Dimmi che cosa preferisci "…

"Andiamo dove vuoi… è vero che ci sono Richard e Nini?"

"Certo! A proposito Nini deve comunicarti una notizia che non ti farà piacere. Appena atterrato ho ricevuto una brutta notizia, pare che un vostro carissimo amico sia deceduto… La vedova ha chiesto se volessi suonare al funerale di Kurt"…

Linda non toccava più terra, la mano che aveva accarezzato la sua spalla in un dolce addio sembrava sostenerla adesso, prima di cadere in terra. Sapeva che era successo qualcosa a Kurt… lui era stato innamorato di lei, anzi aveva detto che la voleva sposare, ma Linda non sapeva che era già sposato e anche lui aveva dei figli…

"Certo sei molto emotiva!… Che cosa ti succede amore, prima o poi tocca anche a noi, la vita è fatta così… Non ha sofferto, aveva ottantun anni. Era molto amato, era un personaggio di alto livello e aveva fatto parecchio per il suo paese. Potete essere orgogliose di averlo conosciuto. Era un esempio da seguire. Ho letto i giornali, negli ultimi anni è stato tanto festeggiato.

Mi dai un consiglio per la musica… che cosa dici suonerò: "Elvira Madigan"?"

"Sì… Credo vada bene, è un adagio e assomiglia certe volte a un'Ave Maria… lui l'avrebbe apprezzato."

"Ma… allora l'hai conosciuto bene! Devo essere geloso?"

"No, amore… era un periodo in cui avevo bisogno di una spalla su cui piangere, lui mi ha aiutata come fosse un padre, anche se era innamorato di me e… ma mai abbiamo fatto l'amore insieme. Lui mi ha fatto conoscere i posti più insoliti. Mi ha insegnato come muovermi nella high società senza perdere la dignità."

"Cioè? Che cosa vuoi dire… ti ubriacavi?"

"Ma ché!… Lui mi ha insegnato a mangiare le ostriche bevendo lo champagne un secondo prima, e come far scivolare quel cibo nella gola senza fare brutte smorfie… Mi ha anche insegnato come far sparire *quel cibo delizioso* senza che nessuno se ne accorgesse. Non sono mai riuscita a inghiottire un'ostrica"…

"Vabbene, mi racconterai tutto dopo quando mi sarò riposato!"

L'uomo del taxi non sapeva se chiedere un autografo o se doveva mugugnare per il tempo superfluo che i due si sono abbracciati e hanno intrattenuto i giornalisti. Certo lui sapeva che la mancia sarebbe stata considerevole, ma dubitava se in quest'occasione potesse pretendere anche un autografo senza dover rinunciare a qualche polemica da parte della signora Rodriguez.

La musica de "I Giochi Proibiti" suonava nelle loro orecchie come fosse una carezza di un dolce venticello. Linda aveva chiuso gli occhi, era stanca e anche molto emozionata. La giornata era stata stressante e la sua felicità non poteva essere completa con la notizia che Kurt era mancato.

"È un suo CD signor Rodriguez... quanto è bravo! Mi fa l'autografo?"

Flups! L'aveva detto. L'autista non era stato in grado di trattenersi e mentre osservava la coppietta nel retrovisore, si era accorto quanto era grande il loro amore.

Linda non riusciva ad apprezzare il silenzio in taxi durante il percorso per arrivare a casa. Continuava a guardare dal finestrino della macchina e osservava le mille luci della notte che si stava inoltrando. I suoi pensieri erano lontani, forse troppo lontani per una donna felice …

La sua mente era tormentata da una nostalgia verso un tempo remoto, ancora troppo vivo nella sua memoria. Mai aveva pensato che Kurt potesse morire. Quell'uomo buono, generoso che l'era stato affianco durante gli anni di gloria della sua vita. Mai aveva fatto un gesto inappropriato, mai aveva fatto insistenza nella speranza che si sarebbe concessa a lui. Kurt era diverso, mai avrebbe fatto qualcosa per influenzare i suoi sentimenti o metterla a disagio.

Adesso... forse che era troppo tardi, Linda capì quanto era

stato grande il suo affetto verso di lui e forse senza che se n'era accorta era stata anche innamorata di lui.

Non lo sapeva nemmeno lei… Ma le veniva il dubbio se quel sentimento fosse stato un amore di una figlia verso un padre affettuoso, tanto buono e comprensivo, o… se ci fosse stato del vero amore.

Un amore verso lo sconosciuto. Un sentimento che forse sarebbe potuto andare oltre quei sentimenti di solo sensazioni erotiche. Quante ore aveva passato in sua compagnia. Quanto si era sentita a suo aggio vicino a lui e protetta!…

Sì, questo era vero! Linda si era sentita protetta da lui come non si era mai sentita prima nella sua vita. Era stato un sentimento nuovo per lei… Come quelle note di una musica che non sanno se devono toccare la tastiera di un pianoforte o volare verso l'ignoto nella ricerca di un'anima gemella sulla quale atterrare. Kurt era un uomo meraviglioso, di mille idee e tanti pensieri. Aveva l'aspetto da filosofo e non parlava mai senza essere interpellato. Nemmeno durante le riunioni noiose, si ricordò adesso. Ogni tanto sì che facesse una battutina sotto voce… ma era diverso. Il suo non era mai un commento pieno di cattiverie come lo avevano fatto gli altri illustri uomini di alta società. Lui l'aveva presa sotto le sue ali protettive e Linda si era sentita coccolata da tanto affetto e dal suo grande amore…

Poi ci fu il distacco, senza che lei l'avesse voluto. Lei aveva dovuto imboccare una strada diversa, al di fuori della sua volontà era stato… e mai si era osata a riprendere contatto con lui.

No, lì si sbagliava, una volta aveva cercato le sue notizie. La sua voce calda al telefono, sedici anni fa… Linda se la ricordava come fosse ieri…

"Kurt…" aveva detto, come al solito. Linda si era sentita come svenisse, sentendo quella voce calda.

"Ci vediamo a Bruxelles, mi manchi tanto…"

Erano passati degli anni, forse troppi dall'ultimo incontro e Linda si trovava in una situazione di forte disagio economico. Come poteva dire *lei*, di donna stimata che era stata, che non aveva i soldi per pagarsi il viaggio per Bruxelles! Lui, Kurt, l'avrebbe capito, lei lo doveva ammettere… Ma che cosa ci sarebbe rimasta del suo orgoglio?

Quanto desiderasse adesso di tornare indietro nel passato. Quanto desiderasse adesso abbracciarlo per digli che anche lei era stata innamorata di lui, ma che aveva paura della sua età. Poteva essere suo padre!

Adesso che quest'uomo immortale non c'era più Linda si sentiva persa ed era come se camminasse nel vuoto. Senza sapere dove sarebbe stata la sua destinazione… Senza sapere quando il suo percorso sarebbe finito.

Non riusciva a pensare a suo figlio e nemmeno a Giosuè in questo momento di completo abbandono a sé stessa.

"Mammina che cosa hai?… Ti senti poco bene? Vuoi che passiamo in ospedale, o puoi aspettare finché arriviamo a casa, ci sono Richard e Nini. Lui ti potrebbe dare un'occhiata… o! Scusami se mi sono permesso di dargli la chiave, volevo farti una sorpresa…

Troverai la casa calda e la cena pronta!… A proposito (ci fu un silenzio) non te l'ho detto ma c'è anche Sabina!"

Linda era come stesse scivolando in un sogno profondo…

"Che cosa hai detto?… Andiamo a cena fuori?"…

"Buonanotte! Mamma… continua a dormire… e, dimmi quando hai intenzione di atterrare!"

Giosuè la guardava stupefatto, era come non conoscesse più quella piccola donna, quel grande amore suo.

La guardava e mentre faceva scivolare un'altra volta il CD de "I Giochi Proibiti" nel lettore, la guardava come stesse cercando una conferma per un amore… che forse stava perdendo.

Linda lo guardava con gli occhi semichiusi, come se la luce le desse fastidio agli occhi. E… dopo un leggero bruciore, una piccola lacrima scendeva vicino al suo nasino grazioso.

Giosuè l'ha preso fra le braccia e stretto forte vicino a lui. Era come capisse la magia che stava circondando il *sogno proibito* di Linda. Non ci furono delle parole per far capire a un amore, le sofferenze di un pensiero doloroso. Anche lui aveva sofferto

255

nel passato, è vero era in modo diverso, ma lui aveva sofferto e… non era ancora venuto il momento di dirlo a Linda. Lei era troppo importante per lui. Lei era e sarebbe sempre stata il suo grande amore. Nessuno avrebbe potuto dividerli, nemmeno un ricordo di un grande uomo come Kurt, anche se lui non l'aveva conosciuto.

34

Le idee magiche sono belle quando riescono a sfiorare la mente…

Linda era salita in casa, finalmente il viaggio era terminato, e il ron ron di Garfield le faceva tanto piacere. Era come questo dolce gatto riuscisse a capire il suo dolore e volesse coccolarla.

Richard aveva messo un disco di Beethoven: "La Mondscheinsonate", e le dolci note del pianoforte tenevano Linda compagnia nei suoi pensieri. Era come riuscissi a lasciarsi andare in un dolce riposo, un magnetismo che non aveva mai percepito prima. Le note che scendevano verso un adagio troppo lento, risalivano come fossero quelle gocce d'acqua che cercano di arrampicarsi sulle punte delle foglie mature di un autunno avanzato. Come aspettassero una dolce carezza prima di cadere in un ruscello che porta al fiume. Un percorso disperato verso il mare… la loro liberazione…

Giosuè aveva messo le dita sul tavolo e fingeva di suonare il pianoforte. Il suo viso era come non appartenesse più a questo mondo.

Le fossette delle sue guance erano profonde e la sua bocca, leggermente aperta, come se le sue labbra volessero far uscire un dolce soffio… un incanto magico.

Linda guardava questo suo grande amore, come vivesse in trance. I suoi capelli, assai lunghi e ricciuti dondolavano leggermente. E… lui teneva gli occhi chiusi come se aspettasse una rivelazione da un altro mondo. Un mondo pieno di sogni… pieno di magia. Pronto a rivelare tutti i segreti dell'atmosfera. Un firmamento che capiamo dall'esistenza delle stelle, ma di cui ignoriamo la completa bellezza. Era come se stesse toccando un velo sottile con il soffio del respiro. Un velo che si muove pian pianino. Era come volesse all'ultimo momento accarezzare il viso di un bambino appena nato.

Linda guardava suo uomo con l'espressione di una sognatrice che ha tanta voglia di svegliarlo dalla sua magia per chiedere il permesso di entrare nell'ignoto.

Lorenzo e Sabina guardavano Linda come non avessero mai notato la sua dolcezza prima. Nini piangeva, commossa dalla dolcezza di questo piccolo attimo prima di sfuggire in una rivelazione che anche questi momenti bellissimi erano destinati a svanire… Ma forse non del tutto, per essere custodito nello scrigno della felicità.

Richard fumava la sua pipa. Seduto sul divano, guardava le piccole donne con aria stupefatta e si domandò come mai riuscissero a essere così serie e alcuni momenti dopo ridere come due pazze, con le loro stupide barzellette di due cammelli nel deserto!

Richard era preoccupato per quei sentimenti di gran felicità e profonda tristezza che prendeva sopravvento all'anima di Linda, come volesse soffocarla dai troppi sentimenti. Forse troppi ricordi mai elaborati dalla sua mente in passato.

35

Quando la voce del sogno ricorda i pensieri felici, l'anima è gioiosa... Ma quando i ricordi sono pieni di nostalgia, il cuore diventa triste e cerchiamo il nostro rifugio in un mondo immaginario, pieno di sogni per essere protetti e vivere meglio.

Almeno è quello che cerchiamo di raggiungere.

La vita non è sempre semplice da vivere e certe volte i troppi pensieri soffocano la felicità del cuore e non sappiamo se in quell'istante dobbiamo rinunciare a noi stessi per rendere felice loro che ci amano, o se abbiamo il diritto di lasciarci andare completamente.

È facile da dire, pensò Linda, ma così difficile da fare...

I "Giochi Proibiti" sono belli quando sono lo specchio della nostra felicità e se facciamo riferimento a loro come fossero un gioco erotico, che prende la sua immaginazione da un cuore innamorato.

Ma, i "Giochi Proibiti" sono pericolosi se sono giocati con mani piene di vendetta e odio in vena di distruggere la felicità... Ed era quello che Carlo stava facendo in questo momento.

Lui in preda al panico e disperazione, per aver perso la fiducia e l'amore di Linda, stava distruggendo tutti i suoi ricordi, le sue lettere, i manoscritti di Nini, lasciati per sbaglio da lui, le sue foto... quei piccoli regali... insomma tutto! Lui era un uomo meschino, avvelenato dalla sua malattia e da un cervello che era invidioso di qualsiasi essere superiore a lui.

Carlo era un uomo che era riuscito ad arrampicarsi nella società usando il termine di ricatto come l'unico scopo da raggiungere. Prima il preside della sua scuola e poi il decano dell'università. Linda, quando l'aveva scoperto, era rimasta delusa da quest'atteggiamento perfido di un uomo che lei una volta aveva ammirato. Ma quando aveva capito che lui aveva usato la *pedofilia* come scusante per arricchirsi nella vita, le era venuta una sensazione di profondo disprezzo verso quest'uomo che non riusciva più a vedere come una vittima del sesso, ma come un opportunista. Solo capace e in grado a sfruttare il prossimo per raggiungere una vendetta personale.

Niente era più ripugnante di quello, e Linda si vergognava adesso di essersi innamorata di lui.

Non sempre le nostre idee seguono un percorso logico quando si tratta di sentimenti, e Linda lo sapeva più che bene. Doveva essere felice di questi momenti passati insieme e in sintonia con i suoi amici... Dell'ottima cena preparata da Nini e di tutto quello che la circondava, ma dentro il suo cuore aveva tanta paura, come se questa paura fosse un preavviso di un terremoto che stava tremando un'altra catastrofe... e questa volta non lontana da casa sua!…

36

Linda si era addormentata con tante preoccupazioni nella mente.

Era la prima volta che passava la notte con un uomo in casa sua. Mai dopo il divorzio con Jean-Jacques aveva permesso a un uomo di condividere il suo letto. È vero, aveva avuto diverse avventure, sarebbe stato anomalo per una donna sana come lei, e con una vitalità di una ragazza giovane, ma mai in casa sua. Adesso era diverso, Linda sapeva che Giosuè non l'avrebbe mai tradita ed era sicura che con lui avrebbe passato il resto della sua vita. Non poteva essere che così...

C'era un'attrazione fra loro due che aveva del magico. Non sapeva come descriverlo. Era come in tutti questi anni non avesse respirato. Come avesse vissuto una vita divisa... Una parte del suo corpo era rimasta in Spagna e l'altra vicino a suo figlio.

Sì, doveva ammetterlo, la parte più importante era rimasta vicino a Lorenzo. Mai avrebbe potuto tradire questo grande amore che unisce una madre e un figlio. Certe volte Sabina aveva detto scherzando a Lorenzo:

"Assomigli a un vagabondo, hai un orecchino... i capelli lunghi"...

e, allora sia Nini sia Giosuè avevano guardato Linda per vedere se non avesse voglia di controbattere. Lorenzo non sapeva che la sua mamma, una volta, andasse vestita come fosse un'Indiana, facendo parte dell'Hara Krishna. Usciva di casa, nascosta dagli occhi dei suoi genitori, e cambiava i vestiti lungo il percorso della strada che portava alla stazione. Sia Nini sia lei facevano così… poi, nessuno aveva mai parlato del tempo in cui si vestirono in blue jeans con le magliette di Bob Marley! Che tempi!

Lorenzo aveva scoperto da poco i piccoli segreti della sua mamma, anche grazie all'amore che Giosuè nutriva per lei. Aveva imparato a conoscere una donna diversa. Non quella bambina frivola che era sempre stata, forse una mammina da proteggere, ma adesso anche una donna sicura di sé che godeva di tanta stima nella high society.

Lorenzo era rimasto di stucco quando aveva letto il telegramma che annunciava la morte di Kurt. Un telegramma destinato alla sua mamma, come se fosse stata parte della famiglia di questo grande uomo. Lui sapeva che sua madre stesse combattendo adesso con dei sentimenti contrastanti, alcuni legati fortemente a un passato pieno di nostalgia e gli altri a un futuro pieno di sorprese da scoprire.

Lorenzo la guardava come se stesse scoprendo una mammina nuova, piena di sorprese e capace di tanto amore.

La guardava con orgoglio e con affetto, e certe volte con gli occhi come se volesse nascondere una sfera di nostalgia…

Forse per essersi scordato com'era la sua mamma una volta, quando lui era piccolo e loro erano i migliori amici del mondo.

Sabina l'aveva guardato in quei momenti come se avesse voluto capire e come se avesse voluto aiutarlo su quella strada di nuovo ignota, ma con tanta voglia di scoprire, e di camminarla adesso affianco a suo padre, mano in mano alla mammina di sempre, ma certe volte così diversa… fragile e capace di tanto amore.

Linda, è vero, era cambiata dal giorno del ricovero. Era come fosse diventata trasparente agli occhi altrui. Era come stesse camminando certe volte su un filo sottile e tutti la guardavano con tanta paura che potesse cadere da un momento all'altro.

Lorenzo lo sapeva., mai sarebbe stato come prima. Mai sarebbe tornato quel momento d'indifferenza certe volte e altre volte, con tanta voglia di stuzzicarla. Lei era diventata il suo essere più prezioso, grazie all'amore ritrovato con suo padre. Lui pensava a loro in continuazione come se fosse quel bambino rinato, quell'uomo che aveva tanto bisogno di una spalla forte che gli desse un sostegno sul percorso della sua vita.

È vero, era un ragazzo ancora giovane e inesperto della vita, ma capace di tanto affetto e un grande amore. Ne era l'esempio Sabina.

Lui l'aveva aspettata per oltre otto anni. Si era innamorato di lei quando finiva le medie e certe volte l'aveva guardata con tanta rabbia per quella voglia pazza di prenderlo in giro, di prendersi gioco dei suoi sentimenti e di scoppiare in una folle risata ogni volte che la guardava.

Allora andava via. Era come fosse arrabbiato e si vergognasse della sua maturità. Lui spariva per dei mesi interi e non si fece sentire, come fosse quel piccolo bufalo che era tanto ma tanto arrabbiato, come usava dire la sua mamma una volta.

Giosuè accarezzava la guancia di Linda che fece finta di essere ancora addormentata sulla sua spalla... dopo un piccolo silenzio,

"A che cosa stai pensando amore?"

"Ai nostri ragazzi"...

"Quali ragazzi?... ne abbiamo solo uno!"

Giosuè non riusciva a esprimersi ancora con disinvoltura e capendo il completo significato delle frasi in italiano e Linda?... Lei si divertiva e fingeva di non capire più lo spagnolo...

"Lorenzo e Sabina!"...

"A chi pensavi... amore?"

"Niente... era solo una domanda..."

"Hai dormito bene? Non ti sei nemmeno accorto che abbiamo fatto l'amore ieri sera... Eri così sconvolta!"

"Non è vero... sì che me ne sono accorta! Vorrei capire... sei un piccolo diavolo!"

"Lo facevo per stuzzicarti… dici che Nini e Richard sono già svegli?"

"Conoscendo Richard certo! Sarà andato a scoprire il vicinato… in cerca di un buon panificio!…"

"Sì! E rimarrà fregato!…"

"Perché dici questo?"

"Perché qui non ci sono dei *sandwiches* e dei *pistolets*!"

"Che cosa?… Che cosa sono dei sandwiches?"

"Sono dei panini morbidi al latte… non lo so come dirtelo! Sono diversi e non ci sono nemmeno i *koeken*!"…

"Adesso mi fai impazzire dimmi che cosa diavolo sono i *koeken*"

"Non lo puoi sapere è una delizia del Belgio e tu non lo conosci lo devi assaggiare!"…

"Ah! Adesso ho capito…. Sono quelle schifezze che mangia Lorenzo!"

"Che cosa!… Come osi chiamare una schifezza se manco lo conosci o hai assaggiato!"…

Tutto a un tratto la porta della camera si era spalancata e Lorenzo e Sabina si erano seduti sul letto della *giovane copia* in piena discussione sul cibo mattutino…

"Papà hai mangiato un koek al cioccolato e con quella crema pasticciera a Ostenda non ti ricordi! Anzi ne hai mangiati due! …"

“Manco mi ricordo!… So che ho mangiato le moules come piacciono alla tua mamma… ma quello che mi dici tu…”

Non c’era verso di calmare i due uomini, padre e figlio e senza che Giosuè si fosse preoccupato che Linda stesse dormendo nuda nel letto prese il cuscino e lo tirò verso il figlio.

“Waah!”… L’urlo di Sabina fece rimbalzare entrambi come se avesse visto un fantasma!

“Linda… sei nuda! Alla tua età come osi…”

“E… ti faccio così tanto spavento? Non hai mai visto la tua mamma nuda?”

Linda non sapeva se coprirsi il seno o la faccia, dall’imbarazzo nei confronti di Sabina…

“Ma tu la tua mamma la vedi sempre vestita?”
Fece Lorenzo!

“Sì… no… insomma… ma Linda non è la mia mamma, è la tua e diventerà mia suocera!”

Non ci fu più il battibecco dei croissants e la battaglia dei cuscini ma un gran silenzio, come se l’attimo fosse stato rubato a una lucertola in preda al panico per nascondersi dalle grinfie di un gatto dispettoso.

“Vi sposate? Nini e Richard lo sanno? Come mai non so niente?”

Linda era delusa e non sapeva se nascondersi dalla vergogna per essere nuda, o dalla delusione per aver scoperto in ritardo che i due giovincelli avevano intenzione di volare verso il proprio nido.

"Tranquilla mammina, nessuno lo sa... nemmeno io!"...

Sabina si era buttata su Lorenzo in una folla corsa dietro un cuscino che perdeva già le sue piume...

"Disgraziato, beccati questo!"

"Ma se ti ho appena chiesto di sposarmi... fra un mese, o se vuoi anche fra un anno"...

I due innamorati si rincorrevano come fossero due scoiattoli che saltano da un albero all'altro, nascondendosi in cerca del cibo... il loro amore.

Nessuno sapeva della sorpresa di un futuro matrimonio, era solo Sabina che in gran fretta e furia da tanta felicità aveva urlato ai quattro venti il suo grande amore per Lorenzo, quel *vagabondo* con l'anima e cuore grande!

Ormai la sorpresa della giornata era rovinata, e i due *vecchietti*, come lei chiamava Linda e Giosuè con tanto affetto, dovevano tenere la bocca sigillata fino all'arrivo dei suoi genitori, preferibilmente dopo pranzo!

37

Richard era seduto nella poltrona del soggiorno. Ascoltava la musica di Massenet. Sembrava sovrappensiero quando vide entrare Linda…

"Stai bene? Mi sembravi così triste ieri… Ma era da vero così importante per te, Kurt?… Lo sai che non sono affari miei, ma se ti può sollevare parlarne… Sono tutto orecchio!"…

Linda lo guardava incredule. Non sapeva come reagire a questa battuta. Si sarebbe aspettato di tutto da lui tranne questo!

"Ma, se te ne parlo che cosa penserai di me? Che gironzolavo con gli uomini di una certe età?"

"No! Tutt'altro abbiamo capito benissimo dov'era il tuo problema Linda, basta guardare come ti sei arredata la casa… è bellissima, ma non c'è nessuna traccia di una donna… ammettilo sei una bambina!"

Linda non sapeva come replicare a questa battuta e con le lacrime agli occhi, replicò:

"Lo sa benissimo anche Nini che non abbiamo avuto un'infanzia, mio padre era troppo vecchio per giocare con noi, aveva già cinquant'anni quando sono nata, forse anche qualche anno in più… Sì adesso che ci penso andava sui cinquantasei. Mia sorella è nata quando lui aveva cinquant'anni.

E lo sa anche Nini, che mia madre aveva ben altro da fare che badare alla nostra educazione. L'unica cosa di cui si è sempre preoccupata era di cercarci un *buon partito*, non era importante l'amore nella vita e poi... quando ho incontrato Giosuè, tutto è cambiato..."

Lorenzo e Giosuè entrarono nel salone grande arredato con tre divani e una marea di orsacchiotti che spuntavano da tutte le parti, anche da sopra la libreria... Loro c'erano! E... dappertutto!

Richard guardava Linda con attenzione, come col pensiero volesse penetrare nella sua anima. Era tranquillo, ma l'aveva sempre avuto quell'aria da filosofo, come con la sua calma riuscisse a mettere a suo aggio qualsiasi persona, qualsiasi essere vivente.

"Hoi! Amore, eccomi finalmente, fra poco mangiamo e lo sai dopo pranzo ci sarà una sorpresa!"

"Sei riuscito a comprare una torta?... Piccolo diavolo di un musicista!"

"No! Dai Richard, non mi devi sempre prendere in giro per la mia golosità! Non ho la pancia e nemmeno il diabete... Non farmi sempre il check up! Vabbene che sei un medico, ma un attimo di tregua! Piuttosto... hai trovato il panettiere?"

Entrambi, Giosuè e Linda scoppiarono in una folle risata...

"Amore quanti orsetti! Ma possibile che ci giochi ancora?"

Lorenzo correggeva subito la battuta:

“La mia mamma è una collezionista di orsetti! Meglio di una collezionista di ossa!”

“Lorenzo! Come osi paragonarla a una cosa così orrenda!”

“È vero la mia collezione è stupenda non trovate! Ci sono degli orsetti pompieri, avvocati e addirittura c’è un orsetto Harvard! Garfield ci va pazzo per quest’ultimo!”

La musica di Offenbach fece sentire il suo Adagio… Era come mille topolini ballassero, e sia Nini sia Linda si ricordarono la prima lezione di danza classica in cui entrambi le ragazze furono bocciate. Una perché sarebbe diventata troppo alta e l’altra perché sarebbe rimasta troppo piccola. La scuola di danza della signora Brabants era troppo severa e non permetteva nessuno sgarro.

“Giosuè non trovi anche tu che questo Preludio di Bach assomigli all’Ave Maria di Schubert… dici che è solo un’opinione mia?”

“No, amore hai ragioni tutti lo pensano e se ti dovessi raccontare la vera storia di questa composizione, rimarresti stupefatta!”

“Dai Giosuè raccontaci!”…

“Però abbiamo interrotto Linda sul discorso della scuola di danza. Dici che è giusto bloccare sempre qualsiasi discorso vuole avviare?”

"Ma dai Richard sono cosucce da donna… a noi uomini non serve una ballerina… almeno non quella di danza classica!"

Nini aveva sentito solo la fine di questo discorso e con tanta furia s'intrometteva nel discorso!

"Ecco! Ci risiamo"…

Fece Richard.

"Ecco aver toccato un tasto delicato! Mia moglie e le *ballerine!*"

"Perché?"…

"Perché una volta mi ha beccato che guardavo le donne in vetrine … e poi ha saputo che noi medici dopo un convegno eravamo andati in un night… e sì, che lì c'erano delle ballerine! E che ballerine!"

"Richard!… Non ricominciamo con questo discorso… per favore sono passati degli anni e tu eri nella tua età difficile!"

"Che cosa? Se manco ho settant'anni come ti permetti! Non mi sono mai permesso di tradirti! Richard era tutto serio adesso e sembrava masticare la sua pipa invece di fumarla…

La musica sottofondo non si era fermata e, fra un Adagio e l'altro, l'atmosfera diventò sempre più dolce e quietava i nervi che stavano per tirarsi, come fosse quel filo sul quale danza una ballerina e dondola in sintonia con i suoi movimenti.

Pian pianino adagio, come volesse sollevarla e indicarle la strada migliore per saltare come una ninfea.

Le note della musica di Mozart sembravano far svolazzare le idee di Linda verso un passato delicato.   Lei guardava la sua amica per capire se riuscisse a percepire l'atmosfera magica che si era creata.

"Richard fuori campo!"

Giosuè più felice che mai e i due giovani più innamorati che mai. Entrambi le donne si ricordarono i primi passi imparati da giovani ballerine e provavano a fare i passi con tanta disinvoltura che tutti rimanevano perplessi dal loro equilibrio.

Le due donne si guardavano con gli occhi che brillavano, cercando di capire come mai si erano allontanate dopo e avevano perso tanti anni della loro felicità. Linda sapeva che la vera ragione per cui Nini non poteva diventare una ballerina era diversa, ma non voleva e non poteva toccare questo tasto doloroso per rispetto della vita segreta della sua amica. Linda non sapeva se Richard ne fosse al corrente…   Era meglio evitare un tasto troppo doloroso…

La musica di Beethoven: "l'Imperatore", era troppo dolce per il temperamento vivace di questo grande uomo e c'era un silenzio nel soggiorno che rispecchiava la pace dell'anima.

Nessuna nota aveva suonato senza che le idee fluttuavano

verso ricordi lontani.

Fino al momento del vero carattere di Beethoven che faceva sentire un temperamento vivace e audace sul pianoforte, per poi diminuire in un leggero frinfullio di una cascata d'acqua. Era come fosse Ludwig che camminasse con i piedi nell'acqua e sfiorasse con le dita la superficie del suo lago preferito. Quanto amore c'era in quest'Adagio… Quanto era grande questo Ludwig, tanto discusso per le sue idee e temperamento audace e vulnerabile.

Quanta dolcezza c'era da raccontare. Quanto amore c'era nascosto in un'anima, forse l'anima più grande di tutti i secoli. Era come si potesse toccare il cielo e accarezzarlo con una piuma leggera.

Un dolce suono che dava nascita a tanta felicità e lasciava nello stesso tempo tanti pensieri liberi a idee da mettere in discussione la nostra vera esistenza.

Beethoven era nato per la felicità… Una felicità diversa, molto diversa da quella terrena. La sua era e sempre sarebbe stata una felicità divina che solo i cuori romantici possono percepire.

"Dai il pranzo è pronto!"…

Si sono guardati e forse erano felici dell'interruzione di Sabina...

"Tutti a tavola!"

L'atmosfera era magica e ci fu un silenzio che sembrò misteriosa e l'intera famiglia si è guardata come fosse felice del profondo riconoscimento per l'amore della musica.

"Mi passi il pane per favore..."

"Linda non devi fare quest'aria seria... Vabbene che sappiamo che sei golosa, ma non devi essere triste per il pane che divori!"

Richard aveva il suo modo insolito per rompere questo silenzio che reggeva in mezza fra loro. Erano come ubriachi dalle note in piena sintonia di un grande maestro. Una musica che aveva trascinato loro verso idee e ricordi lontani. Una vita magica...

"Smettila! Lo sai che la mia futura mogliettina è fatta così! Dopo il prossimo concerto annuncio il nostro matrimonio e Sabina e Linda saranno le damigelle! Tu Richard e Lorenzo, con permesso, i nostri testimoni!"

"Allora ci sarà un doppio matrimonio!"

Una piccola voce si fece sentire...

Richard si mise a tossire e pensava che si trattasse di uno scherzo!

"Ma se hai appena diciannove anni e gli studi e… con chi ti sposi?"

"Con Lorenzo è ovvio… con chi se no!"

"Non ti vado bene come genero, Richard?"

Lorenzo era agitato…

"Certo che mi vai bene, ma che cosa avete combinato! Non mi dire!"

"Sì, papà scusami… Non ti ho dato ascolto… Non ho preso la pillola!"

"Lorenzo! Non potevi fare attenzione… in quest'epoca!"

"Ecco la mamma che si sveglia… proprio tu me lo devi dire!"

"Lorenzo!"

Era la prima volta che Giosuè rimproverava il figlio per la sua sgarbatezza.

Solo Nini aveva percepito il messaggio diversi giorni fa. Aveva visto la sua bambina cambiata e sembrava che la vedesse più felice.   Poi c'era stato Lorenzo che non aveva voluto che portassi i pacchi, i tanti regali e… altre sciocchezze che solo una mamma riesce a notare.

"Se per voi va bene facciamo un doppio matrimonio così vediamo anche Marleen e gli altri amici e forse"…

"Forse che cosa?"

"Forse… Forse Giosuè potrebbe suonare al nostro

matrimonio?”

“Ma... com’è possibile… Se si sposa anche lui!”

“Ce lo facciamo vedrai qualcosa riusciremo a fare!”

“Mai dire mai in questa vita!… Linda sa che tutto è possibile non è vero amore mio?”

Linda guardò Giosuè con stupore e tanta felicità. Lui aveva già organizzato tutto in gran silenzio… Era una vera sorpresa.

Si sarebbero sposati in Spagna, vicino alla casa dove si erano conosciuti la prima volta, e Linda ne era tanta felice!

38

Linda era seduta in chiesa accanto a suo figlio, Nini e Richard.

L'Adagio di Albinoni sfiorava la sua mente con un dolore incredibile, mai più avrebbe potuto abbracciare questo grande uomo, anche se sarebbe stato un gesto amichevole come fosse stato di quella figlia da proteggere.

I suoi occhi bruciavano dalle lacrime trattenute e per la prima volta in vita sua Linda si era messa un velo nero. Nemmeno il giorno del funerale di suo padre si era sentita di vestirsi in nero… ma adesso era diverso. La cattedrale le sembrò ancora più alto e gelida e Linda non sapeva dove rivolgere gli occhi. Sul lato sinistro erano seduti la vedova e i figli di Kurt. C'erano tanti uomini politici presenti al funerale, ma lei percepiva questo loro dolore come un soffio passeggero al quale non poté partecipare. Si domandò se tutti avevano conosciuto Kurt come l'aveva fatto lei. Si chiese se con loro era stato la stessa persona affettuosa e grandiosa come adesso si ricordava di lui.

La bara era desolata e non c'erano i suoi fiori preferiti… le orchidee.

Giosuè si è alzato e ha preso posto insieme al figlio accanto al leggio. Mai aveva suonato "Elvira Madigan" sulla chitarra, ma questa era un'occasione insolita. Il grande musicista non faceva attenzione a tutte quelle persone che lo fissavano adesso come fosse lui la sfera dell'attenzione e non il defunto. Certi tra di loro cercavano di sorridergli. Altri con un vago saluto della mano, come volessero far cenno di averlo conosciuto, forse ammirato in un luogo diverso… un concerto… una ripresa televisiva.

Giosuè era commosso. Aveva percepito il dolore della sua donna, come la sua anima respirasse adesso in sintonia con lei. Lorenzo era seduto affianco a suo padre e con l'aria timida seguiva i tocchi leggeri sulla chitarra. Giosuè non poteva mantenersi alla solita spartita, lui era conosciuto per le sue interpretazioni improvvisate, per quel tocco speciale innato a lui. Quel sentimento che veniva dal profondo del suo cuore.

I suoi capelli ondulati, ma grigi, circondavano il suo viso come la cresta di un albero che sa di essere felice con il soffio del vento. Le rughe che di tanto in tanto apparivano sulla sua fronte erano più profonde che mai adesso. Era come volessero partecipare alla serietà dell'atmosfera. I suoi occhi, semichiusi, sembrarono cantare sul ritmo della melodia. Un Adagio mai sentito prima si fece eco nella cattedrale medievale. Le vecchie sedie di paglia bruciavano sotto le ginocchia di Linda e Nini si era alzata per rispetto del defunto.

La Consacrazione era il momento più silenzioso e nessuno fece sentire un'emozione fuori luogo per non interrompere quel silenzio dovuto al massimo rispetto. Un bambino piccolo, forse uno dei nipoti di Kurt, soffiava il naso e quest'unico rumore fece eco a un sentimento di profondo dolore nel cuore di Linda. La donna stentava di mantenere la calma ma preso dal grande dolore, forse per aver perduto troppi attimi felici e scomparsi in un attimo. Vent'anni erano volati come una piuma che si perde lontano dalle ali di un uccello in volo. Quanto aveva ammirato questo *padre* affettuoso. Questo personaggio, che lei sapeva adesso avrebbe lasciato le sue traccia nella storia.

Linda era troppo commossa e, sostenuta dal braccio di Nini, fece la comunione. Tutti gli occhi delle persone stimate attorno a lei la guardarono in modo incredulo… alcuni bisbigliavano chi è questa donna?

"Sarà l'amante?"

Alcuni… altri:

"Mai vista prima!"

Linda sapeva che avrebbe destato clamore quando si sarebbe presentato al funerale, le condoglianze alla moglie e i figli non erano rimaste indifferente alla gente, ma quando avevano capito che era in compagnia di Giosuè Rodriguez le voci si calmarono e, vedendo il suo dolce atteggiamento con la futura moglie, capirono che Linda dovette essere stata una di quelle persone conosciute a un concerto di chitarra di cui Kurt andava negli ultimi anni della sua vita.

La strada verso il cimitero era desolata e triste. Una pioggia fine sembrava compiacersi con la solitudine della giornata. Le tante corone di crisantemi e rose salutavano la tomba da lontano. I pioppi lungo il viale erano rigidi e sembrarono ancora più maestosi. Linda sentì il terreno pieno di sassolini scricchiolare sotto i suoi piedi e le sue scarpe sembrarono affondare nel fango lungo le pozzanghere.

Ci fu un silenzio indescrivibile e mai avrebbe pensato che una giornata potesse essere più lunga e più triste di questa.

Le note di "Elvira Madigan" risuonarono nella sua mente e di nuovo sentì quella mano sulla sua spalla come questa volta volesse proteggerla da tutta l'infelicità che si sentì addosso adesso.

Linda guardò il cielo ed era come un leggero raggio di sole volesse spuntare da dietro una nuvola timida. Alcuni uccellini cantarono negli alberi e le persone guardarono quell'uomo alto che le stesse camminando affianco con stupore e ammirazione. Una persona tanta conosciuta aveva ricevuto la stima di un grande della musica. Una persona commossa, anche se Giosue non sarebbe stato partecipe alla vita di un uomo tanto romantico e filosofo…

Il percorso lungo il viale significava anche la strada di ritorno. Linda era rimasta con i suoi amici in disparte sotto un salice piangente finché la moglie di Kurt non le ha teso la mano per chiederle di dare il suo ultimo addio a Kurt. Linda ha preso la rosa rossa in mano, come avevano fatto le altre persone… In un attimo la signora l'aveva guardata e aveva poggiato un'orchidea sulla mano di Linda…

"Deve essere così… lui l'avrebbe voluto. Quest'onore spetta a te, bambina mia…"

Linda non sapeva che cosa pensare, le lacrime tanto trattenute scendevano sulle sue guance come volessero abbracciare Kurt per l'ultima volta e dirgli quanto lei l'avesse amato. Adesso che era troppo tardi, i veri sentimenti che aveva custodito nell'angolo più profondo del suo cuore venivano alla superficie, come volessero chiedergli perdono della sua ingenuità. Perdona per averlo fatto soffrire forse nella sua solitudine, forse nei suoi pensieri… Mai l'avrebbe saputo.

Giosuè e Lorenzo avevano guardato Linda con stupore e non sapevano se era il caso di fare delle domande, la curiosità del sapere era grande, ma inappropriato. Richard aveva osservato tutto da lontano e con la sua pipa in mano aveva messo l'altra mano nei capelli come se avesse cercato in questo modo di capire meglio la situazione.

Aveva osservato Linda a lungo e dal suo ultimo gesto e dolore

aveva capito che lui, quella *ragazza* di una volta, non l'aveva
mai conosciuta e che Linda doveva aver sofferto tanto nella sua
vita…

39

La *famiglia* Rodriguez si è allontanata dal cimitero… Alcune persone hanno chiesto l'autografo, ma Giosuè lo trovava inappropriato dicendo:

"In questo giorno tutto l'onore spetta a Kurt… Chi sono io? In questo momento la mente deve essere lontana dalla gloria e dormire in silenzio… Vi manderò gli autografi tramite la signora (…)"

Si è allontanato con le spalle leggermente curvate come se stesse portando via un peso enorme e Linda non sapeva se fosse per i suoi sentimenti o per le troppe emozioni di questo giorno.

Giosuè era un uomo capace di grandi sentimenti, altrimenti non sarebbe diventato così famoso. Sembrava che vivesse quest'istante come fosse lontano mille miglia da lei.

Linda lo guardava e cercava di incrociare il suo sguardo per capire se fosse arrabbiato, o se ci fosse qualche altro problema… Se avrebbe dovuto scusarsi forse per il suo passato. Mai aveva visto suo uomo così riflessivo e nello stesso tempo lontano. Le piccole rughe, che avevano segnato la sua fronte questa mattina, erano ancora presenti e lui teneva la testa leggermente bassa, come se nella sua mente suonasse ancora la musica di "Elvira Madigan".

Lorenzo aveva seguito suo padre a dovuta distanza, vicino a Sabina che era stanca del camminare. La giovane mammina cominciava a sentire i primi fastidi della gravidanza, ma rimaneva in disparte nella paura di rubare i sentimenti altrui.

Giosuè è arrivato in albergo e su un pezzo di carta ha scarabocchiato alcune note… una musica nuova. Una composizione che l'avrebbe reso nel futuro ancora più famoso: "L'inno ai sentimenti", un Adagio per chitarra e pianoforte che avrebbe richiamato tutte le sensazioni del dolore in un dolce abbraccio di grande amore…

40

Il rientro era un viaggio in silenzio…

Ogni tanto Lorenzo e Giosuè si divertivano a far squillare il telefonino di Linda per farle sentire la melodia de "I Giochi Proibiti"…

Linda rideva a ogni squillo e stentava di rispondere. Giosuè fingeva di dormire e con le gambe stese sul sedile davanti in macchina sembrava ancora più alto.

Linda di statura piccola occupava poco posto sul sedile posteriore.   Sabina aveva la testa appoggiata sulla spalla di Lorenzo, che si divertiva a nascondere il cellulare. Linda sapeva che lo scherzetto doveva venire da uno dei due uomini. Mai avrebbe pensato che Richard o Nini potessero farlo e… di sicuro non Richard pensò Linda.   Lui guidava la macchina e aveva entrambi le mani sul volante.

Nini e Linda si sorridevano e nel loro cuore avevano un sentimento in comune; la felicità di diventare nonne in primavera.

La musichetta de "I Giochi Proibiti" suonava di tanto in tanto e sembrava innervosire Richard che a un tratto era diventato troppo serio:

"E se fosse quel Carlo?… Non ci hai pensato che lui potrebbe cercare di rintracciarti?… Quella vecchia volpe! Non si è più fatto vivo? Nemmeno con dei messaggi?…”

“Che palle!… Scusami amore”…

fece Nini.

“Ma proprio adesso ci devi far pensare a lui?… Lasciaci quietare un attimo, ci penseremo al nostro rientro. Dopodomani abbiamo l’appuntamento con il commercialista, vediamo che cosa ci consiglia, se no ci rivolgeremo al tuo amico della Guardia di Finanze.”

“Sì… forse hai ragione, inutile svegliare can che dorma”…

“E allora lasciamolo dormire anche me!”

fece Giosuè…

“Non si dice: lasciamolo anche me papà… devi dire: lasciami dormire!”

“Lorenzo!”

Giosuè si mise a parlare in spagnolo e Lorenzo guardava suo padre con aria stupefatta come se non si aspettasse questa reazione.

“Siamo un po’ permalosi… no Giosuè?”

fece Richard.

“E già! Io parlo la vostra lingua, cerco di fare del mio meglio e voi mi prendete in giro! Bella famiglia! Perché non mi parlate in spagnolo? Sia Linda sia Nini lo parlano!”

“Ah sì… e noi?”

Fece Lorenzo insieme a Sabina

"Lasciamo perdere ci sono anch'io!"

Richard non era abituato a fare delle battute sull'uso della lingua, ma questa volta ci voleva. Lui non aveva un cervello linguistico, quel *cassetto* l'aveva dovuto sgombrare per fare spazio alla sua intelligenza scientifica. È vero era proprio un bravo dermatologo, nonostante i suoi quasi settant'anni era molto in gamba, e le sue tecniche all'avanguardia avevano aiutato parecchie persone a risolvere problemi di calvizie, una delle sue specialità a parte anche la chirurgia con le cellule staminali.

Il discorso si fece troppo serio secondo il nostro caro amico.

"Dai che cosa ne dite se ci fermiamo in Svizzera? Ci prendiamo due giorni di meritato riposo e poi si riparte. Fra poco saremo a Bellinzona che cosa ne dite ci fermiamo a Lugano?"

"Perché no! È una buona idea... un bel piatto di spaghetti subito! Insomma... Appena scendo dalla macchina."

La piccola mammina in arrivo fece sentire le sue strane voglie come fosse una ragazza italiana. Nessuno avrebbe pensato che Sabina avrebbe preferito il cibo genuino italiano a un pacchetto di patate fritte.

“Devo pensare al mio bimbo! No papà? Un bel piatto di spaghetti alle vongole è molto più nutriente di tutto l’olio delle patate fritte!”

“Certo ma lasciamo le vongole nel loro guscio Sabina per favore! Adesso segui i miei consigli... non sei ancora sposata! E stasera dormi in mezzo a noi due come una brava bambina, vicino a mamma e papà!”

Lorenzo e Sabina si sono guardati con perplessità, non sapevano se ridere o essere seri...

Richard, che aveva osservato i due ragazzi, rideva sotto i baffi come fosse un ragazzaccio, che aveva appena fatto uno scherzo in classe.

Linda e Nini si sono guardate e gesticolavano di nascosto come se volessero dire: “Che cosa gli prende adesso? Sta diventando un monaco?”

Giosuè aveva osservato l’intera scena in silenzio e... senza che nessuno se lo aspettasse:

“Sì una suora di chiusura! Anzi un frate! Sei frate Richard che deve fare la sua penitenza... Subito a letto! Niente vino!... Subito a cuccia!...”

L’atmosfera in macchina era divertente e una trentina di chilometri dopo la macchina si è accostata sull’ampio parcheggio di un bellissimo albergo che dava sul lago di Lugano.

Non era ancora tempo per cenare e Giosuè si è seduto vicino alla riva per suonare la melodia preferita di Linda. La sua chitarra sembrava più bella che mai e mentre Linda osservava la giovane coppia allontanarsi, giocava con le sue dita nei capelli di Giosuè come l'aveva fatto venticinque anni fa… il primo giorno. Erano come due ragazzi innamorati, lui l'ha guardata con un sorriso misterioso come volesse penetrare nella sua anima, che era piena di nostalgia e vecchi ricordi.

"Sei felice amore?"

"Sì… tanto e tu?"

"Senti questa musica l'ho composta per te"…

Per la prima volta Giosuè suonò il suo brano nuovo, composto in ricordo del dolore di Linda.

"Mi piace, ma è un po' triste… mi aggiungi qualche accordo allegro… dai per favore, non farti supplicare"…

"Mi lasci il tempo di stanotte?"…

"Certo… ma avrei preferito che"…

"Che cosa?…"

"Lo sai benissimo… pensavi davvero che in un posto stupendo come questo mi sarei messo a comporre?"

"Non lo so… sei tu il musicista!"

"Dici… che andiamo…"

"Adesso… dimmi tu… dove vuoi arrivare"…

“Non lo so, ci sto pensando… non fa tanto freddo e… visto che Sabina dorme in mezzo ai suoi genitori!”

“Sciocchina, non vuoi mica far dormire nostro figlio in mezzo a noi due, anche tu?”

“Ma sei impazzito? Lo sai quanti anni ha?”

“Se è per quello anche Sabina è grandicella!”…

“Dai stiamo al loro gioco e poi ci divertiamo… tieni duro ancora per un po’… ci sarà da ridere questa sera!”

“Dici?”

“Dico… e come no!”

Richard e Sabina stavano guardando gli amici vicino al lago…

“Questi qua non me la raccontano giusto! Mi sa che stanno combinando qualche scherzo!”

“Va bene, ma sei tu che hai iniziato!”

“Io? Che cosa ho fatto? Guarda non era uno scherzo sai, far dormire Sabina in mezzo a noi due! Parlavo sul serio! Non sono mai stato più serio in vita mia che adesso!”…

“Un corno!”

“Nini che cosa ti prendi! Sembri Linda quando era giovane!”

“Quando ci vuole, ci vuole!”

Nini stava per arrabbiarsi. Era stuzzicata dalla sensualità dei suoi amici e sperava che anche Richard avesse subito questa sensazione…

Lui la guardava con la sua smorfietta da filosofo immaturo e con gli occhi pieni di scintille stuzzicava Nini, che non sapeva più se stesse scherzando o se facesse sul serio.

"Vediamo… Vedremo che cosa porta la serata e chi vince la battaglia!"

"Che battaglia?"

Sabina si era avvicinata al gruppetto che sembrava stesse meditando sul da farsi per annoiare i due giovanotti.

"Niente, solo un discorsetto tra due suoceri… niente in più niente in meno!"

"Vediamo! Che cosa dite, entriamo in ristorante? Ho già messo le valigie in camera papà come promesso… Sono stato un bravo bambino vero?

Lorenzo guardava Giosuè come volesse stuzzicarlo di nuovo per la battuta linguistica di un'ora fa, e sembrava leggermente offeso.

"Certo figlio… ti farò mangiare la paella stasera per punizione!"

Gli occhi di Lorenzo avevano di nuovo quell'espressione di un piccolo bufalo, che non sa se correre in mezzo al deserto o scontrarsi con un palo per provare la forza delle sue corna…

“Andiamo… dai che è meglio!”

Il gruppetto si è seduto a tavola. Il ristorante non era tanto affollato e l’atmosfera era carina.

Delle vecchie pentole in rame erano attaccate alle pareti vicino alla cucina. Dietro il bar figurava un quadro che raffigurava un uomo anziano con un cappello grigio in testa e in mano aveva un arnese come fosse un calzolaio.

Sul banco dietro il bar erano appoggiati dei tovaglioli di diversi colori, alcuni erano bianchi con dei quadretti blu, gli altri con dei quadretti rossi.

A Linda fecero ricordare i tovaglioli di una vecchia taverna londinese, dove una volta aveva cenato con Nini, ai tempi del liceo.

“Hei… ti ricordi? Non ti dicono niente questi tovaglioli?”

“Hups… ci siamo!” fece Richard.

“Se adesso cominciano a ricordarsi tutte le tovaglie dei ristoranti dove hanno mangiato insieme, stiamo freschi… buonanotte!”

“Nini ti ricordi le baguette francesi!”…

“E come no!” Ssst stai zitta Richard non lo sa!”

“Che cosa non so?

“Niente amore… una cosetta tra noi donne!”

“Se è una cosetta tra donne… come mai io non lo so? Che cosa sono io?”

Sabina sembrava offesa e…

“Dai te l’ ho raccontato… a Parigi!”

“Certo dove pensi se no che ci siano le baguette francesi?” Fece Lorenzo annoiato.

“In Belgio ci sono!”

“Sì ma si chiamano baguette e basta!”

“No… non è per niente vero!”

“Il cameriere sembrava infastidito dai commenti del gruppetto che aveva leggermente alzato la voce…

“Se è per quello anche noi Svizzeri abbiamo le nostre baguette francesi… però le mangiamo in Svizzera!”

Giosuè non poteva che controbattere e senza riflettere un attimo che avrebbe potuto offendere il cameriere indaffarato, fece:

“Non ti ho detto che le dovevi mangiare alle Canarie! Per me va bene se le fate in Svizzera!”

Richard, che non avrebbe mai aspettato una battuta del genere da una persona sofisticata, all’apparenza questa volta, come Giosuè si mise a ridere per tanta disinvoltura e voglia di scherzare con la serietà svizzera.

“Hai ragione… anch’io ho mangiato una baguette francese nelle Canarie e secondo me era più buono di quello originale! C’era di tutto dentro!”

“Sì buona notte!”

Fece Nini...

"L'hai mangiata nella Rue Neuve a Bruxelles e si chiama Dagobert!"

"Che m'importa se si chiamava Dagobert o vattelappesca!

Era buono e... c'era di tutto dentro: del burro fresco, prosciutto cotto, la maionese, dei pomodori, la lattuga, il formaggio quell'Emmental, delle uova sode e... "

"Lasciamo perdere amore!... Il cameriere vuole sapere che cosa abbiamo intenzione di ordinare..."

"Per mia figlia una bella bistecca fiorentina che dividerà insieme a suo padre... deve prendere forza!"

"Ma papà, volevo gli spaghetti!"

"Sssst... vuoi dormire in mezzo a noi stasera? No? Allora ascoltami e dammi retta!"

Sabina guardò Lorenzo con gli occhi tristi come fosse quella bambina alla quale avevano appena portato via la sua bambola preferita.

"Allora scommetto che io devo mangiare la paella... papà?"

"Certo, figlio mio!"

"Allora una paella e una fiorentina con delle patate fritte"...

"No, patate bollite e un piatto di lattuga fresca, misto carote e pomodori, non condite grazie!"

"Due spaghetti uno per Linda e Nini e"...

“Giosuè che cosa prendi?”

“Credo un po’ di antipasti e un piatto di pesce fritto”

“Anch’io fece Lorenzo”…

Dopo lo sguardo intimidatore di Giosuè ci fu un silenzio…

“Chi paga stasera?”

“Facciamo alla romana?”

“Allora devono pagare anche i ragazzi?”

“Certo!”

“Sarebbe ora”…

Sia Lorenzo sia Sabina non sapevano più che cosa pensare, l’atmosfera sembrava cuocere dalla serietà e ci fu un silenzio inedito tutto a un tratto…

“Come secondo? Ci pensiamo un attimo”…

“Ci porti prima un po’ di antipasti della regione per piacere”.

“Con del pane francese o preferite pane italiano?”

La battuta del cameriere fece ridere entrambi e con un sorriso sulle labbra, come se avesse appena vinto la sua battaglia, il cameriere sparì in cucina sotto gli sguardi stupefatti dell’intero gruppetto.

Nessuno aveva fatto attenzione che ci fu un silenzio inedito tutto a un tratto e il viso di Sabina sembrava ancora più raggiante di prima.

È vero era all’inizio della sua gravidanza, ma la sua pelle

aveva uno splendore mai visto prima.

La ragazzina, ancora giovane, doveva finire gli studi all'università e preparare la sua tesi fra qualche anno. Mai Richard e Nini avrebbero pensato che sarebbero diventati nonni prima che la loro fanciulla si sarebbe laureata.

C'era una dolce musica che faceva sentire la sua melodia sottofondo …

"L'inverno di Vivaldi" e dalla finestra si vedevano i lumi che facevano chiaro sul lago. Con il calar del sole sembrava che l'acqua fosse coperta da un leggero velo di oscurità, che scintillava color argento nel rispecchiarsi delle montagne rocciose.

La luce romantica nel ristorante richiamava l'atmosfera di una taverna antica dell'ottocento. Le tende erano semichiuse e le lanterne si specchiavano come fossero delle modelle vanitose in cerca dell'ammirazione della platea.

L'attesa era divertente…

Giosuè ha mangiato la sua paella sotto gli occhi felici di Lorenzo che divorava un piatto di pesce fritto.

Sabina ha mangiato i suoi spaghetti con una golosità mai vista e le due mamme hanno guardato i loro figli come non lo erano mai state prima… tanto felici!

41

Il lago rispecchiava i riflessi dorati delle luci nei cuori di Richard e Nini.

Lorenzo e Sabina erano andati in camera, appena cenato. Sabina era troppo stanca del viaggio e i suoi occhi si chiudevano pian pianino, Lorenzo aveva visto che continuava a sbadigliare e sembrava che anche lui crollasse dal sonno.

Giosuè e Linda si erano fermati ancora un attimo al bar per bere il solito limoncello, ma sembrava che Richard soffocasse dall'atmosfera troppo chiuso del ristorante.

Linda aveva guardato Nini come volesse chiederle che cosa avesse, sembrava contrariato.

"Che né so io"…
aveva replicato lei…

"Ogni tanto fa così, vediamo"…

Nini era corsa dietro al marito, che sembrava allontanarsi nella penombra. La sua figura portava con sé un'ombra gigantesca, era come i suoi passi camminassero insieme a quelli dell'ombra, come fosse incollato in terra. I sassolini del sentiero facevano un leggero scricchiolio sotto le sue scarpe, così non aveva sentito i passi veloci di Nini.

Richard si fermò a un tratto, vedendo che la sua ombra era

sovrapposta dal riflesso che ingrandivano i passi… poi le gambe e infine le braccia di Nini. Le due ombre sembravano combaciarsi, come volessero invitare a un'intimità straordinaria in un posto insolito, come quello vicino a un lago in riposo.

Le piccole onde che sembravano baciare la sponda facevano una leggera melodia come annunciasse il riposo della notte, la tranquillità dell'anima.

Nini aveva stretto le sue braccia attorno alla vita di Richard.

"Che cosa mi combini amore, sei sovrappensiero?"…

"Hmmm"…

era l'unica cosa che Richard riuscisse a replicare .

"Ti ho fatto arrabbiare? Magari ho detto qualcosa senza pensare che ti ha offeso?… Dimmi tu? Che cosa hai, non ti ho mai visto così!"…

"Ti ricordi la Notte Cubana?"

"Che notte cubana? Non siamo mai stati a Cuba… almeno tu non ci sei stato con me!"…

"Sciocchina… Non parlo di una vera notte cubana, ma della canzone di Demis Roussos… Ti ricordi… "quanta na mera… non faceva così?… e poi ci baciavamo!… Ti ricordi adesso?…"

Nini guardava suo marito con gli occhi increduli… come avrebbe potuto dimenticare!…"

"Come sei romantico amore… L'avevi sentito anche tu in ristorante vero, quella musica sottofondo.

Ho visto che mi guardavi in modo strano… Hai voglia?"

“Di che cosa? Di ballare o di baciarti?”

“Che ne dici se balliamo e ci baciamo… nessuno ci vede e poi… a chi se ne frega!”

“Dici che Giosuè non si scandalizza?”

“Che ne so io… Linda di sicuro no! Lei è abituata a peggio!”

“Richard! Smettila!… Lo sai che non è più quella bambina frivola, anche lei ha avuto la sua parte della vita!”…

“Sì è vero… scusami, non volevo!”

“Dai… baciami… senti il caldo della luna?”

“Che caldo della luna?”

“Dai su, non essere sempre quello scienziato che deve analizzare tutto… Volevo dire il caldo del soffio del vento, ma la luna mi sembrava più romantica.”

“Sciocchina… Non hai ancora capito, dopo tutti questi anni che mi piace prenderti in giro?… Per me va bene, anzi preferisco il caldo della luna e… potresti stare zitta per un attimo, ho una voglia matta di baciarti”…

“Posso… è permesso mia signora? Voglio fare l’amore con te… qui in questo posticino romantico lontano da tutti… Nessuno ci vede, nessuno ci sente!”

Nini non aveva modo di replicare, le labbra di Richard la baciavano leggermente e con tanto amore nella nuca, il mento… dolcemente il lobo dell’orecchio…”

“Vedo che ti piace ancora tanto quanto prima… devo continuare o?…”

Richard sfiorava la sua mogliettina come fosse la prima volta che la baciasse. Cercava di percepire quella piccola luce che brillava con insistenza negli occhi suoi quando era felice e quando faceva l'amore…

La notte fu calda e lunga, i dolci baci di Richard l'accarezzavano dappertutto. Nini era felice come non lo era mai stata prima...

Sarà stata per quell'atmosfera magica, l'idea di diventare nonna per la prima volta… o semplicemente perché era ancora follemente innamorata di suo uomo.

Linda tossiva sottovoce. Giosuè aveva lo sguardo timido come se avesse scoperto un fantasma in piena fuga.

"Scusateci ragazzi… Non volevamo, non sapevamo anche noi "…

"Linda stai zitta per una volta e… vai dove ti pare!"

Nini non voleva essere sgradevole, ma questa volta ci voleva. Richard che non riusciva a mantenere il suo equilibrio, alzava le spalle come fosse angosciato dallo spavento…

"Stai zitta amore, ancora un attimo… che te ne frega di loro due… non ci sono più se ne sono andati!"

Linda alla vista della sua migliore amica, che era nascosta sullo stesso sentiero, si sentiva per la prima volta in imbarazzo nella sua vita.

Mai avrebbe pensato che Nini avesse potuto fare l'amore sotto il cielo aperto, come se questo gesto particolare appartenesse solo a lei e Giosuè…

"Dai amore… che cosa dici?"

"Dove vuoi che andiamo?"

"Hai visto che c'è una barchetta sulla sponda del lago"…

"Sì e allora? Non vuoi mica remare in mezzo alla notte?"

"No! Tutt'altro… al massimo faccio remare te!"

"Ma sei matto! Non ne sono capace!"

"Vuoi stare zitta! Svegli i ragazzi e poi se Richard ci viene dietro?"

"Che cosa ne dici? Perché sei così pudica a un tratto?"

"Perché ti amo e avrei voglia di"…

"Anch'io, dai andiamo ci nascondiamo nella barchetta."

Giosuè canticchiava "Return to me… before you came, there is a world for us to find, I'll be yours… When the rainbow arrives…"

"Come sei romantico stasera amore, non sapevo che conoscessi anche le canzoni di una volta"…

"Ma che cosa credi… Sono stata giovane anch'io, non sono mai stato serio fino in questo momento. Hai voglia di baciarmi? Che cosa aspetti? Potresti una volta dirmi quanto mi ami"…

"Scusami amore se ero lontano con i pensieri… amo solo te e non ho mai amato nessun altro come te"…

“Vuoi stare zitta adesso… dai baciami!”

“Vuoi quei piccoli baci che ti fanno impazzire o quelli focosi?”

“Fai tu… lo sai che mi fai impazzire anche senza”…

“In che senso?”

“Vuoi stare zitta adesso… e non ridacchiare, fra poco Richard e Nini ci raggiungono e… allora *buona notte*!”

“In che senso?… Nel senso che non facciamo più l’amore”…

“Sssst! Fai silenzio, attenzione la barchetta dondola”…

“Si l’ho visto… vai piano non voglio prendermi un bagno freddo!”

Non era ancora detto o entrambi cadevano nell’acqua gelida di un autunno avanzato.

“Haaai!” Richard e Nini avevano sentito l’urlo e le folle risate di Giosuè e Linda…

“Chissà che cosa stanno combinando adesso… ma lo sai che sono veramente pazzi!”

“Dai andiamo a vedere!”

“Ma come osi… Nini lasciali da soli, forse stanno facendo l’amore… di sicuro non ci vorranno vedere adesso!”

“Invece sì!”

fece Linda urlando…

“Datemi il vostro maglione!… Non ne avete bisogno *voi* vi siete scaldati anche troppo!”

Sia Nini sia Richard alla scoperta della coppia in acqua

ridevano come due ragazzini che avevano appena combinato dei guai...

"Fuori da quell'acqua e subito!"

Fece Richard, dopo essersi ripreso

"o vi prendete una broncopolmonite!"

"Continuate sotto le coperte!"

Linda, semi nuda, veniva fuori dall'acqua come avesse visto il mostro di Loch Ness...

"Richard girati!... Non ti vergogni! Sei il marito di Nini!..."

"Se è per quello... ho visto anche di peggio!... Ti sei scordata che sono un medico? C'ero io sai quando è nato Lorenzo, e"...

"Zitto! Richard adesso... non bisogno esagerare!"

Giosuè ridacchiava sotto i baffi anche se non li aveva mai avuto, lui conosceva la storiella troppo bene... ma non voleva dare la soddisfazione a Linda di capire la situazione.

Linda con il maglione abbondante di Richard si era nascosta tra le braccia di Giosuè che l'ha portata in albergo.

Il cameriere, tanto infastidito durante la cena, li stava aspettando con una bella coperta calda per avvolgere la coppia innamorata.

Linda teneva gli occhi abbassati verso il pavimento piastrellato che disegnava con disinvoltura i suoi passi bagnati, come fosse quel gattino perso e infreddolito sotto una tempesta in piena estate…

42

Richard aveva avuto ragione. Carlo non era solo una vecchia volpe, era anche una persona che faceva sbrigare le sue faccende losche da qualcun altro... pur di non essere coinvolto lui personalmente!

Le giornate erano state troppe tranquille e, nonostante che il commercialista di Linda avesse scritto agli amministratori per avere dei ragguagli in merito alla società Onlus creato da Carluccio, neppure loro si erano fatti vivi!

Richard e il suo amico finanziere non vedevano la questione di buon occhio! Anzi dicevano a Linda di fare molto, ma molta attenzione perché rischiava di perdere un anno di guadagno.

Linda aveva mandato un fax al presidente della scuola linguistica di Milano, niente in meno... la stessa sera una telefonata: Lui, il presidente, in persona! Linda era stupefatta dell'ora tardiva della telefonata e si domandò che cosa anche quest'uomo tenesse nascosto. Non solo si esprimeva sul conto del suo amico Carlo come questo fosse una vecchia volpe, più con un piede nella fossa che viva!

Quest'ultima osservazione Linda l'aveva vissuto sulla pelle, ma nonostante che era stata coinvolta con i suoi sentimenti di compassione, non credeva al

cento per cento sulla serietà, secondo lei molto più esagerata, della sua malattia. Quante volte le volpi non fanno finte di stare male per sfuggire all'ultimo momento? Non era per niente che il detto dice: "Furbo come una volpe" e Carlo ne era l'esempio vivente!… Linda ci ripensava era meglio dire: *quasi vivente!*

Ogni tanto Giosuè la guardava per capire se la sua futura sposa era preoccupata o se avesse dei problemi, addirittura aveva detto:

"Amore non preoccuparti di quei soldi adesso ci sono io, non devi lavorare vivremo alla grande… anche i nostri ragazzi! Dai smettila di farti del sangue cattivo!…"

Quante volte Linda l'aveva guardato con gli occhi pieni d'amore quando diceva così ma doveva ammetterlo, l'intera faccenda era diventata una questione di principio. Lei doveva battersi per le sue idee come aveva sempre fatto e come avrebbe sempre fatto anche in futuro se necessario. Era quello che aveva insegnato a Lorenzo ed era orgogliosa che suo figlio era cresciuto con dei sani principi.

Il volpone di Milano si era fatto vivo un'altra volta e questa volta tramite le veci della sua segretaria, una signorina tanto gentile quanto era maleducata quella di Torino.

Linda lo attribuiva alla distanza, forse la ragazza, trovandosi nel centro di Milano era più perspicace e di buon umore considerato la presenza del Duomo di Milano ed i bei negozi sofisticati e forse aveva anche un presidente che valeva la pena di frequentare, mentre quello di Torino era la viva rappresentanza di una mummia decrepita che era appena uscita dal sarcofago... E questo sì che faceva sentire la sua influenza! Povera segretaria, povero tesoro!... Come avrebbe potuto sorridere vedendo ogni giorno quella mummia sfilare davanti ai suoi occhi!... Mai!... Forse aveva paura che si spaccasse una gamba o l'intero complesso osseo!

Sia Richard sia Giosuè guardavano Linda che ogni tanto ridacchiava come se si stesse raccontando delle barzellette. Solo con Nini si confidava e faceva delle risate sui commenti inediti di nome *Carlo* e non si sapeva quando il loro *fumetto* sarebbe uscito in edicola.

Non solo si divertivano a fare dei paragoni con dei cammelli in mezzo al deserto e questa volta ne faceva parte anche il signore galantuomo di Milano.

Era come se quei due farabutti, anche se Linda non sapeva se quest'ultimo fosse un farabutto anche lui - secondo lei lo era, visto che aveva fatto una battuta su un Capo di Stato, che Linda non aveva digerito per niente - uomo intoccabile di Milano si era sentito all'altezza di una persona al di sopra di qualsiasi sospetto!

Linda e Nini si divertivano come fossero loro i dirigenti della gara Parigi - Dakar solo andata e… con tanti cammelli come ostacoli persi nel deserto! Il primo ostacolo da affrontare avrebbe avuto come vittima un sarcofago appena aperto, dal quale era spuntato fuori una mummia che era tenuta insieme con la colla Attak e che aveva fatto sfuggire altri cammelli dallo spavento.

"Che mostro!"

Avevano urlato! L'altro ostacolo era una persona con una pancia enorme, molto gasata, di aspetto *corto* e pieno di sé… Quest'ultimo aveva guardato il cammello come volesse dirgli: "dai torna nel tuo deserto e… povero cammello in mezzo ad una salivazione di masticazione abbondante era costretto a rispondere:

"E tu… che cosa aspetti per tornare al tuo Duomo!"…

I cammelli non devono spaventarsi se no… che gite turistiche possono fare la gente! Poveri noi! Se poi perdono anche la loro abbondante salivazione, stiamo freschi! Niente più chewing gum e niente più sigarette con le foto di un bel cammello nel deserto. Loro vanno in sciopero quando si spaventano e sì… allora sì che ci sarebbe da spaventarsi!

Linda aspettava con ansia il rientro del presidente *gasato* di Milano, e sperava che questa volta avrebbe ragionato con il cervello e non con le sue stupide battute su una politica, della quale sapeva solo l'esistenza della parola e non del contenuto!

Si domandò anche se l'illustre sconosciuto, che a tutti i costi voleva incontrarla, fosse in grado di parlare l'inglese o le altre lingue di cui si vantava l'istituto linguistico e si domandò che risata avrebbe fatto l'intero staff della U.E. se avesse capito che fine avessero fatto i loro preziosi soldi!

Che i cammelli vivono nel deserto senza soldi, sia Linda sia Nini lo sapevano, ma nonostante questo s'inventarono delle barzellette tipo:

"Che cosa fa un cammello quando si annoia nel deserto?"

"Stenta di parlare l'inglese?"

"Ma va?"

"Io pensavo l'americano!"

"No?… Davvero?… E come mai?"…

"Perché mastica il chewing gum e ti ho sempre detto che si parla meglio l'inglese masticando qualcosa "…

Richard aveva osservato il duetto che cominciava di nuovo a ridacchiare invece di cucinare…

"Non sarebbe meglio se tagliasti i vostri cammelli in pezzettini piccoli per farne un bello stufato invece di insegnarli a parlare l'inglese?"

"Che cacchio me ne frego se parla l'inglese",
aggiungeva Giosuè

"Basta che non si mette a parlare lo spagnolo!"…
Lorenzo non poteva resistere…

"E se si mettesse a suonare la tua chitarra in mezzo al deserto e ci sputasse quella saliva appiccicosa sopra? Che cosa ne diresti papà' ti piacerebbe credo"…

Sia Nini sia Linda osservavano il viso pallido di Sabina…

"Che cosa hai amore ti senti male?"

"Voi con il vostro stufato di cammelli !"…

Tutto a un tratto la *bambina* correva in bagno per le sue nausee mattutine… molto in ritardo!

"Ecco avete visto che cosa avete fatto… voi maschi! Non potevate parlare di qualcos'altro invece di uno stufato di cammelli?"

"Ci sono degli scorpioni nel deserto… facciamo uno stufato di quelli?"

Fece Lorenzo!

"Ma va! Lasciamo perdere voi maschi… Dai Linda preparami un tè alla camomilla così si calma lo stomaco di Sabina"…

"E la fa anche dormire"

Fece Richard!

"Lasciala stare, dalle dell'ananas da mangiare, lo facevi anche tu quando eri incinta Nini. Dammi retta tale madre, tale figlia!"

"Vedrai! Ci pensiamo noi adesso a cuocere quei due cammelli, ma questa volta quelli veri uno di Torino e l'altro di Milano, se vuoi ci vado a parlare di persona! Vediamo che cosa combineranno! Staremo a vedere, ci andrò con il mio amico finanziere!"

Ci fu un silenzio fino al momento in cui l'intera futura famiglia si era seduta a tavola.

Ci mancava solo Garfield che con un suo bel ron ron camminava su e giù nel corridoio in mezzo alle gambe di Linda, come volesse farla cadere da un minuto all'altro.

"Pussi via... micione bel micio, vieni micetto... vieni!"

Linda chiamava la sua piccolina, la vecchia micetta nera sua, che dopo l'arrivo di Garfield sembrava dover combattere per il primo posto, come fosse la prima ballerina dell'opera che aspetta nient'altro che la sua rivale sbagli il passo finale.

Il pranzo fu tranquillo, senza cammelli che cercavano di pascolare quei pochi ciuffi d'erba immaginaria in una oasi di Fata Morgana!...

43

Linda era triste. Si sentiva una forte malinconia addosso e pensava a quei pioppi rigidi del cimitero di Monaco. Per quale motivo non riuscisse a distaccarsi dai ricordi di Kurt? Si domandava in continuazione se lui fosse stato felice dopo l'ultima volta che si erano sentiti e, si sentì in colpa per non essere andata a Bruxelles, quella volta che lui le aveva detto di venire.

"Per quale motivo la mia vergogna per la mia situazione economica doveva prendere il sopravvento alla mia stima e a tutto l'amore che provavo per quest'uomo", si domandò adesso.

Certo, Linda non sapeva che Kurt fosse sposato né se da questo matrimonio avesse avuto dei figli. E, si domandò come mai lui non ne avesse mai parlato con lei. Forse aveva aspettato che lei facesse quella domanda. Un particolare che a lui avrebbe dato fastidio. Linda non sapeva più che cosa pensare, né se fosse giusto continuare a lasciarsi andare in una dolce tristezza come fosse quel preludio di un "Chiaro di Luna" suonato da un ragazzo giovane, in questo istante e con la chitarra del padre.

Mai aveva sentito Lorenzo così in sintonia con i suoi sentimenti.

Il fatto che fra un paio di mesi sarebbe diventato padre, l'aveva reso più responsabile e così dolce nei suoi confronti. Sembrava addirittura che capisse di più i sentimenti di sua madre, una piccola donna, certe volte, così lontano con le sue idee.

Era come se la sua memoria volesse fare una caccia disperata dietro i ricordi che, una volta catturati, doveva rinchiudere nello scrigno del suo cuore. Ma Linda non riusciva a captare tutti questi ricordi che adesso sembravano diventare dei fantasmi che la perseguitavano. E certe volte non riusciva più a esprimere i propri sentimenti. Mai si era sentita in colpa per non aver espresso il suo amore… il contrario sì. Ma questo non aveva più nessuna importanza. Avrebbe voluto così tanto abbracciare ancora una volta Kurt, come lui le aveva chiesto… Quell'ultima volta, così tanti anni fa… Troppi anni!

Lui l'aveva guardata e chiesto di lavorare per lui, ma lei non aveva osato. Era stata vittima di un ricatto politico. Come avrebbe potuto dirgli di sì e avere tutto l'invidia dei suoi colleghi sulle spalle? Come avrebbe potuto vivere una vita tranquilla sapendo che questo grande uomo avrebbe voluto qualcosa in più di un semplice affetto da lei? Forse lui la considerava troppo donna ed era innamorato di lei, per quella donna stravagante che era… Non per proteggerla come lei aveva sempre voluto e forse tanto desiderato.

Linda non sapeva più cosa pensare. La sua mente era torturata come fosse prigioniera di note mai composte di una musica che doveva crescere sul ritmo del cuore…

E non chiedere un perdono per non essere mai stata composta. Quella melodia la rendeva triste e si domandò come venirne fuori.

Linda guardava il cielo, grigiastro adesso con qualche nuvola scarsa in giro come volesse nascondere un sole che doveva addormentarsi per il lungo inverno. Non lo sapeva nemmeno lei come si sentisse. Di sicuro non in piena forma!

Giosuè la guardava con aria preoccupata come avesse paura che la sua piccola, grande donna potesse ammalarsi di un momento all'altro.

"Leggo nei tuoi pensieri"…

aveva detto ultimamente e sembrava aver trovato la chiave che poteva aprire quello scrigno che teneva nascosto nel profondo del suo cuore.

Lui la guardava con questi occhi leggermente umidi, come avesse percorso una valle di nebbia e non riuscisse più a sopportare i raggi del sole. Il suo sguardo non era il solito, come quello di un uomo innamorato pieno di amore. Questa volta Linda persuase un profondo dolore come se lui non riuscisse a capire quei sentimenti innocui che la tenevano legata a Kurt.

Giosuè era preoccupato che questi ricordi potessero infangare il loro grande amore e... si domandava come mai la sua piccolina non volesse o non potesse confidarsi con lui.

"Avrà paura della mia reazione?"

Pensò...

"Avrà paura che mi possa arrabbiare, che non la capisco...
 Ma come posso comporre la mia musica se non si confida con me, se non mi dice quali sentimenti provasse per Kurt?"...

Lui la guardava e con una voce timida come fosse quel ragazzaccio beccato a rubare le mele nel giardino del vicino, provò ad accarezzarle la guancia...

"Magari avesse notato quel grande amore nei suoi occhi", pensò...

"Dimmi tesoro... per favore dimmi quello che ti succede, non chiudermi fuori dai tuoi pensieri... anche se possono ferirmi"...

Lorenzo aveva guardato suo padre, come non l'aveva visto mai.

Giosuè era diventato come fosse quel bambino che era in cerca di sentimenti proibiti al cuore e di cui ignorasse ancora l'esistenza.

Lorenzo si era alzato e ha messo una mano sulla spalla del padre.

"Perché ti preoccupi? Per favore pà... lasciala ai suoi pensieri, vedrai tutto passerà, la mamma è fatta così.

Tocca a lei adesso di elaborare i suoi sentimenti e forse c'è qualcosa che le da fastidio. Lasciale il suo spazio... vedrai che tornerà da te. Non è così lontano con i suoi pensieri, cerca di capire... è sempre stata da sola con me, ha bisogno di abituarsi alla nuova situazione. Lei ha bisogno del suo spazio, per favore. Dammi retta, la conosco!"...

Nini e Richard avevano osservato il trio che sembrava distaccarsi come volessero volare in direzioni diverse. Una con le ali rotte e l'altro che stentava di volare... preoccupato per la forza del vento o, una pioggia improvvisa, forse c'era un altro che osserva? Chi lo sa? ...

La giornata passava in modo tranquillo senza una tregua ai pensieri.   Linda guardava dalla finestra come volesse captare una piccola luce di speranza. Una luce che riusciva a ballare su un raggio di sole o, forse captare solo quella piccola scintilla di una goccia d'acqua che ha i riflessi di un arcobaleno.

Nemmeno lei sapeva come comportarsi, aveva paura di confidarsi, di abbracciare Giosuè e di chiedergli di stringerla forte fra le braccia... tanto forte da sentire un dolore nella schiena. Quella forza della sua mano che l'avrebbe stretta vicina al suo petto per farle capire che lui era lì, presente e che aveva tanto bisogno del suo amore. Adesso più che mai!

Linda lo guardava e con gli occhi lucidi, come non riuscisse ad atterrare da quella nuvola che la teneva in preda ai sogni, gli supplicava di amarla più che mai. Il suo sguardo era come fosse una preghiera di malinconia che vuole far sorridere gli occhi a tutti i costi, ma non né trova la motivazione… Forse nemmeno la disinvoltura di un abbraccio sincero, qualcosa di non proibito ai sentimenti contrastanti.

Giosuè si è alzato e con uno sguardo dolce ha preso le mani di Linda tra le sue…

"Amore aiutami a comporre la mia musica. Fammi capire né ho bisogno!"

Linda nel dolce abbraccio che aveva così tanto desiderato, si è lasciata andare in un pianto liberatorio, che non credeva ne fosse stata capace. Tutto il dolore e lo stress degli ultimi giorni hanno avuto una reazione diversa di quello che avrebbe creduto. Le sue parole non riuscivano a essere pronunciate, le sue lacrime bruciavano negli occhi e non volevano scendere come una volta erano abituate a fare. Voleva che bagnasse anche le sue guance e che lui le avrebbe toccate con il dito e assaggiato il sapore salino di ciascuna goccia, come l'aveva fatto una volta.

Giosuè era tranquillo, la teneva tra le sue braccia e la dondolava come fosse la sua piccola bambina da proteggere. Le sue mani accarezzavano il suo viso e con un dolce bacio baciava la punta del suo naso.

Le accarezzava i capelli con dolcezza come fosse una bambola troppo fragile. Con la mano alzò il suo mento per baciarla dolcemente…

"Quanto sei piccola, amore mia!… Quando ti senti triste sembri chiuderti nel tuo guscio. È come volessi sparire"…

Linda ha raccontato quello che provava per Kurt in quel momento, tutto il dolore di un addio che non c'era mai stato.

Era come fosse stato un inno ai Giochi Proibiti. Giosuè ha preso la sua chitarra in mano e ha suonato la sua melodia preferita… mai avrebbe dubitato dell'amore che Linda provava per lui.

Lui guardava la sua piccola donna e sapeva che apparteneva solo a lui!

"Amore senti questa melodia e dimmi se ti piace… è un Inno ai sentimenti che provi adesso"…

Linda lo ascoltavo con attenzione. Era seduta sul divano accanto a lui.

"Mi servirebbe uno sgabello per il piede".

Dove è il tuo amore? Non mi dire che hai sempre suonato la chitarra senza il sostegno del piede?

"Sì… perché no?" L'ho imparata da sola a suonare la chitarra.

Lorenzo è andato all'accademia di musica"…

"Dai fa niente! Domani lo compriamo… uno sgabello qualsiasi!"…

I suoni che emanava la chitarra erano come delle piccole gocce che non sapevano se accarezzare un girasole, o scendere giù da quei petali gialli con tristezza. La musica era come fosse una piuma che accarezza la piccola guancia di un neonato e aspetta che si svegli in un dolce gemito. Le note erano come una farfalla che cerca di sfiorare le piccole dita di quel cucciolo d'uomo che prima di svegliarsi apre le piccole dita e le chiude nello stesso momento, come fosse un orsetto che ha tanta voglia di essere preso in braccio e non ossa scendere dal suo piedistallo.

Linda guardava Giosuè con i gomiti appoggiati sulle ginocchia e le mani che sostenevano il suo mento, come se cercasse in questa posizione a percepire meglio quella dolce musica che la captava come fosse un inno ai suoi ricordi, certe volte tristi, altre volte gioiose, come fosse un canto al loro amore:

Vivace e con tanta passione, dolce e con una tregua come fosse quel velo pensieroso che abbraccia gli innamorati prima di addormentarsi.

Richard e Nini erano entrati senza che Giosuè se n'era

accorto. Lorenzo ha guardato suo padre come vedesse un miraggio. Era come una sensazione magica mai percepita prima. I due ragazzi si sono baciati, consapevoli dell'amore che legava i loro genitori.

Mai Richard aveva visto un Rodriguez esprimersi così, nemmeno nei migliori momenti dei suoi concerti e si domandò quanto tempo avesse aspettato per dare sfogo a tutto l'amore che provava per questa piccola donna, Linda... La ragazza sofisticata di una volta, persa sulla strada della vita...

44

Erano passati dei giorni e Linda si sentiva di nuovo in piena forma. Il commercialista aveva scritto una lettera ai soci della società di Carlo e finalmente una buona notizia fece chiarezza sulla situazione. Nemmeno il commercialista, né l'amministratore della società Onlus furono al corrente, delle attività *oscure* di Carlo.

Linda aveva interpellato, certo con tanta discrezione, l'ex convivente e i fratelli di Carlo... anche loro sembrarono all'oscuro del colpo della *volpe molto furbetta* anche se camminava con un bastone!

Linda era in vena di ascoltare la musica di una volta. Un vecchio ricordo della sua gioventù ed era come Lorenzo avesse letto nei suoi pensieri... O, dobbiamo credere che ci fu la *dolce* zampetta di Richard?

Giosuè e Lorenzo si misero a suonare "I started a joke" dei Bee Gees.

Né Linda né Nini potevano credere al suono che rimbalzava con tanta gioia nelle loro orecchie e le due ragazze erano più impazzite che mai!

Ballavano come non avevano mai ballato nella loro vita... a

piedi scalzi e con il gatto Garfield che non vedeva l'ora di tirare fuori qualche unghietta per colpire le dita dei piedi delle due ragazze, che sembravano invitare a un gioco *proibito* per gatti simpatici!

Non ci fu una serata più allegra vissuta da tanto tempo. Richard non sapeva più cosa pensare. Per una volta aveva lasciato la sua pipa in dolce riposo e non vedeva l'ora di abbracciare la mogliettina.

Nini lo guardava con stupore come se avesse riscoperto quell'uomo, un po' più grande di lei... ma tanto dolce e capace di renderla tanto felice con le sue solite improvvisate.

Lui ballava con Nini stretta vicino al suo petto...

Era alto, Richard, ma il fascino che si trascinava dietro non doveva prendere un secondo posto in confronto a Giosuè. Lui aveva il suo modo particolare di fare, di guardare... di far innamorare qualsiasi donna di lui... se almeno fosse stato disponibile...

Mai, Linda aveva visto un marito più fedele, più affettuoso di Richard. Amava Nini ancora come fosse il primo giorno del loro incontro. La teneva con una mano stretta nella vita e il braccio sinistro lungo il corpo come volesse essere pronto in qualsiasi momento a un'azione improvvisa, tanta desiderata dalla mogliettina.

Lorenzo e Sabina osservavano entrambi i genitori come

fossero colpiti dalla loro felicità.

Mai li avevano visti così felici, rilassati in un dolce abbraccio, senza vergognarsi davanti ai loro ragazzi che sapevano, erano rimasti con gli occhi spalancati!

La musica di un CD suonava a gran volume adesso.

"Eh vecchi! Possiamo ballare anche noi?"

Richard non sembrava aver capito la battuta, aveva gli occhi semichiusi e sembrava apprezzare qualsiasi secondo, qualsiasi gesto, ogni respiro della sua dolce Nini.

Anche Giosuè e Linda avevano osservato i due, più coccoloni che mai,, e mentre la musica di Staying Alive fece eco, il ritmo sembrava risvegliare ancora di più i dolci giochi del gattone Garfield, che non aspettava niente di meglio di procedere al dolce attacco. Lorenzo e Sabina si erano intrufolati tra le due coppie nel tentativo di rubare un po' della loro attenzione…

Non l'avessero mai fatto!

Richard sembrava aver rinnovato le sue antenne da medico inerte, per essere attento a qualsiasi passo improvviso della sua bambina.

"Ma che fai? Non puoi ballare in questo modo nelle tue condizioni!"

"Ma pa…! Sembri una lumaca che gira con le antenne unte! Che modo di fare sono quelli! Non potresti una volta far finta che non esisto?… Pensi alla mamma piuttosto! Sembri una lumaca che sta per urtare le sue piccole antenne contro una pietra!”

“Aiiih! Bestiaccia che non sei altro!…”

Garfield aveva approfittato della situazione per dare un bel graffio nei polpacci di Richard che, come una lumaca ferita, scivolava strisciando verso la prima poltrona per lasciarsi cadere con un urlo che aveva dell’incredibile!

“Non credi che stai esagerando adesso? Dai Richard non è il caso! Lo sai com’è fatto Garfield, vuole partecipare ai nostri giochi… Lui fa parte della famiglia, per favore accarezzalo altrimenti si offende!… Poverino è tutto spaventato! Hai visto adesso che cosa hai fatto! Si è intrufolato sotto la coperta del divano… Ha paura di te!…”

“Micio, micio micio… dai Garfield!”

Nini non aveva nemmeno il tempo di cercare di consolare *Garfieldone*, micione offeso, che zuuuf!… Il dolce micio svolazzava via da sotto la coperta del divano per fare una rincorsa all’impazzata…

Micetta, il vecchio gattino nero, non sapeva più come fare e con tanta perplessità diede un’unghiata a Garfield che le scivolava davanti…

“Miaaooo!…”

Ci fu una rincorsa come mai visto prima… Nessuno ballava

più, tutti guardavano i gatti e facevano una scommessa su chi di loro avrebbe vinto questa folla battaglia.

La serata fu un dolce trascorrere in armonia. Richard non pensava questa volta a fumare la sua pipa, sembrava avesse altre idee per la testa...

Durante la cena osservava in continuazione la moglie come se aspettasse da Nini tutt'altro che un dolce. Linda si era accorta dell'atmosfera romantica e aveva chiesto a Lorenzo e Sabina di sparecchiare.

Un po' di privacy ci voleva per i suoi amici. Lorenzo ha guardato la sua mamma come se avesse capito la sua richiesta. Il gruppetto, *famiglia Rodriguez e co,* si è seduto nella poltrona davanti al televisore. C'era un film che faceva tanto ridere e anche a Giosuè piacevano tanto gli attori: Finocchiara   e Claudio Bisio.

Nini e Richard avevano troppo *sonno* per stare in compagnia e da lontano Linda sentiva la musica dei Bee Gees. Una dolce musica... un eco *sottofondo.*

Era sparita una bottiglia del miglior vino della zona, un pregiatissimo dolcetto di Farigliano, e conoscendo Nini anche il sacchetto delle patatine Chips...

45

Linda era abbracciata a Giosuè e godeva gli ultimi momenti di un dolce risveglio…

Anche se l'autunno era inoltrato, gli uccellini cinguettavano come fossero in primavera e Linda guardava il suo uomo, come il suo silenzio fu una melodia alla dolcezza. Lui accarezzava i lunghissimi capelli di Linda, la *piccola* donna di cui era tanto innamorato.

Lei sembrava una bambola fragile che scivolava via sotto le coperte. Era come cercasse la protezione di cui aveva così tanto bisogno… Una spalla su qui riposarsi e sapere che ci sarebbe sempre stata, anche nei momenti difficili. Era sufficiente sapere la sua presenza e lei si sentiva più sicura di sé.

La piccola donna era diventata "grande" accanto a questo musicista di fama mondiale.
Nel paese dove abitava Linda, nessuno si era accorto della sua presenza… e forse non avevano nemmeno sentito parlare di questo chitarrista; un uomo affascinante di tutti i punti di vista.

Linda sembrava volersi riaddormentare e guardava Giosuè con gli occhi semichiusi…

"Che cosa hai amore?… Non hai voglia di svegliarti? Lo sai

che hai un appuntamento a Torino il *boss* di Milano ti vuole vedere insieme a Carlo o devo dirti il *tuo cammello del deserto*? ... Dai vestiti sia Richard sia io ti accompagniamo, se fosse il caso, chiederemo anche la presenza del commercialista... Vedremo!... Dai!... Sbrigati! Mettiti un tailleur stravagante!... Fai sempre colpo con quello ed è molto professionale!... Su... Non farti pregare..."

Linda si è alzata controvoglia. La colazione era già pronta in tavola e si sentiva una piccola freccetta nella sua direzione...

"Siamo noi gli ospiti... o tu in casa tua?"

Nini si era alzata con la gamba sbagliata e... Linda avrebbe dovuto digerire il suo umore tutto il giorno. Ben presto né capì pero il motivo, Richard si era rifiutato di darle la sua carta di credito... La mogliettina voleva andare a fare la spesa senza la sua presenza. L'abito da sposa per Sabina doveva essere provato... e forse anche aggiustato. La pancina di Sabina cominciava a crescere e... non ci voleva molto per ingrassare in un solo mese! Ben presto il giorno delle nozze sarebbe arrivato. Dopo il concerto di Giosuè a Torino e Milano.

Giosuè era più tranquillo che mai. Ogni tanto ticchettava con le dita sulla tavola come fosse un pianoforte, quell'istrumento di cui aveva tanto bisogno adesso. Aveva sperato che Linda ne avesse avuto uno e... la delusione fu grande.

Lui doveva suonare, in qualsiasi momento del giorno quando ne sentiva il bisogno. Era come ne sentisse la mancanza come il cibo quotidiano.

Oggi guardava Linda con un'aria pensierosa. Era come cercasse di penetrare nella sua anima. Come se la studiasse o non volesse farla scappare dal suo sguardo. C'era qualcosa di magico nei suoi occhi. Non solo, aveva uno sguardo dolce, ma i suoi occhi avevano una luce che rifletteva certe volte tanto amore e un attimo dopo una grande preoccupazione. Era come fosse colpito da una profonda angoscia. Quel sentimento di paura che uno sente quando si sente annegare e vuole chiedere con l'ultima boccata d'aria un aiuto. Quella profonda angoscia che uno sente quando finisce in una conca d'acqua e vede una persona che ti può aiutare… ma rimane lì immobile, guardando come se avesse piacere che stai per affogarti… Alla fine ti salva è vero… ma pensi in un attimo che fai? Mi lasci morire davanti a tutti o mi aiuti?…

In quel momento senti che le tue forze ti mancano e mentre prendi quella boccata d'aria, senti che è la fine… Poi vedi quella mano che stenta di sollevarti e, non capisci più niente...

Il suo sguardo era come stesse cercando le note che non

riusciva a scrivere.

Quella spartita che sta per nascere e non sa come concludersi, ma quando è finalmente scritta ha del magico, qualcosa di incredibilmente bello e… allora capisci che quella sensazione che figura sulla spartita è tutto l'amore che in un lampo ti è passato nel cuore. Quella sensazione vibra e continua a vibrare come fosse il brusco risveglio di un vulcano… Qualcosa piena d'angoscia per la gente dintorno, ma così maestoso e grande nella sua esplosione…

Le note che vibravano nel cuore di Giosuè, cercavano il loro ritmo sulla tavola di Linda. Nessuno parlava, nessuno guardava… Era come ci fosse un'atmosfera magica che tutti rispettavano e che capivano. Le dita delle sue mani suonavano un pianoforte irreale… e dal tocco, certe volte più forte e dopo così dolce, capivano che l'Inno che stava scrivendo era particolare… Sarebbe stata la sua opera più grande, con un amore profondo per una piccola donna…

46

Il trio è arrivato in ritardo a Torino. Carlo stava aspettando con il dirigente di Milano e c'era come ci fosse una sfera elettrica che avvolgesse il duetto; uno più nervoso dell'altro.

"Ciao Linda… stai bene?"

"Non cominciare a chiedermi come sto o come non sto… lo vedi con gli occhi se è per quello!"…

"Sssst… amore",
sussurrava Giosuè e poi sottovoce…

"Quello che fai è controproducente"…

Linda sapeva che doveva stare zitta e lasciare parlare gli uomini.

Richard con la sua postura più alta faceva intimidire Carlo, che ormai trovandosi di fronte a un medico sembrava sminuire nel nulla e sembrava aver capito al volo, che questa volta non doveva e non poteva fingere e giocare sulla compassione quando si trattava di affari!

"Siamo venuti a Torino per concludere e chiudere la questione che è rimasta aperta… o lo concludiamo oggi o ci rivolgeremo al sindacato e l'ispettorato di lavoro! A voi la scelta!"

"Sì... sì, sì... non c'è problema... ne possiamo discutere a tavola siete i nostri invitati ci vuole poco ad arrivare a un accordo, basta non coinvolgere gli Ufficiali delle Finanze... tutti rubino quando sono al potere... perché noi no?"

"Siamo venuti per fare un discorso serio e non per fare un discorso da piccoli farabutti che sono al livello dell'asilo! Non abbiamo tempo da perdere e poi abbiamo già prenotato al Principe di Piemonte, siamo ospiti d'onore"...

"Oh sì... adesso... sì, sì.... Ho capito! Lei è il sig. Rodriguez... mi sembrava averla già incontrato!"

"Non è possibile... io mi ricordo del minimo dettaglio, non vi ho mai visto in vita mia!"

Linda aveva paura che aggiungesse forse a Parigi o Dakar e che non sarebbe stata capace a trattenersi le risate... ma non lo fece.

"Possiamo chiedere un autografo?"

"Non credo sia il caso... Chissà quale uso ne farebbe con la mia firma poi!"...

Linda non osava alzare gli occhi e tutta la situazione le sembrava inverosimile. Si sentiva come fosse sostenuta da due pilastri giganti che la tenevano in bilico sopra un burrone. Non parlava e guardava entrambi i suoi uomini, che la proteggevano come fosse, detto meglio, quel gattino fradicio dalla pioggia appena ripescata sulla strada.

Carlo si è seduto dietro la solita scrivania, sulla solita sedia dal braccio sciupato, come fosse stato rosicchiato da un cane affamato… anche se non poteva esserlo perché Carlo odiava gli animali.

"Mi fanno schifo…"

diceva sempre… e alla fine anche Linda gli aveva fatto schifo… ma non per la sua firma! E Linda aveva tanta paura che l'avesse usata in altre occasioni, considerato che aveva fatto la battuta che la sua firme non era facile da imitare!…

L'assegno di quindicimila euro che le spettava stava per essere staccato quando Richard gli ha detto:

"È meglio che andiamo nella sua banca e ci fa un bonifico in nostra presenza… forse l'assegno non è coperto!"

Carlo ha accontentato Richard e sotto gli occhi infastiditi dello sconosciuto di Milano, amico intimo di Carlo, Linda e i suoi *angeli custodi* se ne sono andati… direzione Principe di Piemonte? Non credo… conoscendo Richard avrà scelto un' ottima pizzeria. La sua bella pizza alla rucola non poteva mancare una volta in Italia e l'avrebbe divorato con tanto di quell'appetito che nessun uccellino si sarebbe portato a casa un minimo di briciole.

Linda era soddisfatta e si sentì sollevata da un enorme peso…

Il pomeriggio fu dedicato allo shopping e alla scelta di un elegantissimo tailleur per lei.

Viola con dei fiorellini bianchi legger tinte di viola sulle maniche corte, decorato con dei piccoli bottoni che figuravano in mezzo al corpetto fino alla vita, una gonna assai attillata, che metteva la sua bella figura in risalto e un capellino minuto che sembrava designato per una fata innamorata.

Giosuè è rimasto fuori. Richard e Nini hanno guardato la loro amica come vedessero una fanciulla di vent'anni. Tanto era bella Linda. Finalmente la vedevano senza preoccupazioni, con un bel sorriso sulle labbra che emozionava sia Richard sia Nini.

"Sei uno schianto!… Non ti abbiamo mai vista così felice! Fortunato lo sposo!… Rimani così Linda, te lo meriti. Finalmente sei felice!"…

Entrambi gli amici l'hanno abbracciata come fosse una farfalla fragile che aveva bisogno della loro approvazione.

Sabina era triste… la sua pancina era cresciuta in un paio di giorni e a Richard veniva il dubbio che i ragazzi avessero tenuto nascosto il vero giorno dell'accaduto!

"Mi volete ingannare vero! Tanto un mese prima o dopo che cosa c'entra Saby?"

"C'entra e come papà… non c'entro io!"

“Non metterti a fare la dieta adesso nelle tue condizioni!”

“Ma papà! Non possiamo sposarci domani?”

“Ma sei matta? E Giosuè e Linda? Non volevate sposarvi insieme a loro?”

“Sì ma… poi sulle foto si vede!”

La signora della boutique aveva trovato la soluzione ideale. Un bel bouquet con delle roselline bianche che scendevano in mezzo alle orchidee, sarebbe stata la soluzione migliore. Una vera cascata di fiorellini che avrebbe coperto la *pancina in dolce attesa*.

Lorenzo era davanti alla porta d’ingresso e cercava di captare un lampo dello spettacolo.

Richard con le sue spalle larghe copriva la metà della porta dall’interno e Giosuè faceva nient’altro che saltare da una parta all’altra per evitare che il figlio sbirciasse troppo.

Ci fu una bella passeggiate nel parco del Castello di Venaria, anche se il pomeriggio era inoltrato, la famiglia si è divertita e il tramonto fu così spettacolare che Giosuè si era seduto in mezzo al prato come fosse rimasto incantato da tanto splendore.

47

"L'inno ai sentimenti"…

Era arrivato il giorno del concerto. Linda era più agitata che mai e non sapeva come vestirsi. Aveva un abito nero stupendo, ma erano anni che non l'aveva indossato. Forse dall'ultimo giorno che era andata all'opera, troppi anni fa.

Lorenzo aveva guardato la sua mamma come fosse felice per la sua bellezza ed eleganza.

Giosuè era partito un'ora prima e non avrebbe rivisto Linda prima della fine del concerto… se fosse stato possibile. Questa volta c'erano troppi giornalisti e anche Linda veniva inseguita dai riflettori. Tutti i personaggi importanti di Torino la salutavano, come fosse la prima donna della serata. Accanto a lei, c'era Nini affiancata da suo marito e subito dietro il figlio abbracciato a Sabina, come fosse una bambina piccola da proteggere contro gli urti della gente, che spingeva per chiedere un autografo a quella piccola donna che fino a un' ora fa era sconosciuta!

Sabina era vestita con un abito mezzo lungo con delle paillette che scintillavano a ogni mossa facesse. Lorenzo e Richard in smoking, ma Richard teneva la camicia classica leggermente sbottonato sul collo e fece una smorfietta come stesse soffocando. Ha spento la pipa e ha guardato Nini come vedesse una prima donna che scendesse dal suo piedistallo. Nini era bellissima con quell'abito bianco nero, che sembrava rispecchiare le note di un pianoforte in sintonia tra di loro. Era Giosuè che aveva scelto questo vestito per lei, nell'armadio di Linda.

Linda era inseguita dagli occhi di tutti e, quando si girava, la scollatura della schiena era semi-coperta dai suoi lunghi capelli che scendevano sulle sue spalle, come fosse una ghirlanda fiorita in primavera. I suoi occhi erano lucidi e con il tacco a spillo sembrava quasi alta quanto Nini. La sua figura snella era ammirata da tanti uomini, e il suo aspetto spagnolo, che aveva ereditato da sua madre, la rendeva ancora più sexy del solito... Linda era veramente felice.

La loggia in cui erano seduti era circondata dai giornalisti che non vedevano l'ora di intervistarla, e scattavano delle foto in continuazione.

Finalmente il sipario si è aperto. Giosuè ha camminato verso il pianoforte con passo rigido e con l'aspetto come fosse una persona sconosciuta. Era diverso, non era nervoso... ma sembrava distante, Linda non sapeva se fosse teso o distaccato, mai aveva partecipato a un suo concerto prima. Lorenzo che aveva ascoltato suo padre per la prima volta dal vivo a Ostenda disse:

"Adesso tossisce leggermente, tirerà fuori un fazzoletto bianco dalla tasca, lo passerà sulle mani e poi guarderà la sedia come fosse piena di polvere. Poi si girerà verso il pubblico e farà scricchiolare le dita... Ci sarà un attimo di silenzio e poi... quando sfiorirà con le dita i tasti del pianoforte... la gente applaudirà. Lui gli guarderà come fosse infastidito. Chiuderà gli occhi, butterà la testa leggermente indietro e poi con le mani leggermente alzate dal pianoforte farà un bel sospiro e suonerà "I Giochi Proibiti", come nessuno l'avrà suonato al pianoforte. Si alzerà un attimo dopo, con un silenzio in assoluto, e prenderà la chitarra in mano e... farà la variazione che solo noi conosciamo... ecco quello che farà papà!"

"Ma hai finito di rompere... Lorenzo!"

Fece Richard inseguito dalle tre donne...

"Lasciaci godere lo spettacolo, per una volta... controllati!"

"Sssst... fece la gente nella loggia accanto! Chi siete voi per dire quello che succederà, noi conosciamo il signor Rodriguez!"...

Linda si è voltata, incuriosita da quello che sentisse...

E... chi c'era nella loggia accanto? Carlo con la mascherina davanti alla bocca, come se avesse paura che i germi delle poltrone avrebbero potuto inquinarlo, e non l'aria tossica della città di fuori! Per mesi non aveva più messo la sua mascherina e adesso... sembrava che volesse rubare l'attenzione altrui!

Alla vista del gruppetto, amici di Linda, si è scusato del

disturbo dicendo che era la sua ultima uscita a Torino, che aveva deciso di andare a vivere con la figlia in Olanda.

Meno male pensò Linda, meglio lontano che vicino! Ecco un altro capitolo fastidioso della sua vita chiuso.

Giosuè era seduto al pianoforte e suonava una musica divina.

Questa volta non erano "I Giochi Proibiti" ma suonava un Preludio di Bach come fosse un Ave Maria. Le sue mani sfioravano i tasti e sembravano volassero, come fosse una farfalla che sfiora un delicato fiore con tanta dolcezza. I suoi occhi erano chiusi come stesse sognando e poi... senza preavviso, senza alcun cenno, cambiò il ritmo dell'adagio come fosse una cascata primaverile che bagna i campi di grano. Le sue dita scendevano su e giù in allegria e la musica che Linda sentiva era come quegli occhi, che l'avevano penetrata quel giorno che era seduta davanti a lui e la guardavano come se l'avesse vista per la prima volta. I suoi occhi brillavano attraverso la musica gioiosa che sentiva vibrare nel cuore. L'eco delle note sembrava toccare la sua anima...

Nini la guardava e aveva gli occhi lucidi, come se attraverso questa musica riuscissi a capire tutto l'amore che Giosuè sentiva per la sua piccola donna.

Giosuè era rimasto in silenzio...

Era come vivesse in un sogno e non riuscisse più a sconfiggere l'atmosfera che lo circondava. All'improvviso si era alzato, nessuno capiva se applaudire o rimanere in attesa che il concerto continuasse. Lui era lì e quando il pubblico ha capito che con lo sguardo fissava la loggia, dove era seduta Linda, in quel momento tutti hanno capito che avrebbe dedicato una composizione alla sua donna.

"Ti chiero"! "Suonerò il mio *Inno dei sentimenti* perché sono felice di aver ritrovato il grande amore della mia vita: la madre di mio figlio, Lorenzo"…

Lorenzo è sceso in mezzo al pubblico ed è salito sul podio… padre e figlio hanno preso la chitarra in mano.

La musica che suonava era una melodia creata per l'amore. Le note erano dolci e sembravano annebbiare la mente. Linda si sentiva come fosse svenuta da tanta felicità, si sentiva leggera e come volasse su una nuvola. I suoi occhi semichiusi sembravano percepire tutta la ricchezza dell'anima di Giosuè.

Lorenzo, leggermente seduto indietro al padre, suonava con esitazione. Era la prima volta che suonasse davanti a una platea. Le sue dita insicure toccavano le corde come esitasse di inseguire il padre. Entrambi si sono sorrisi. Giosuè dopo un'improvvisazione ha guardato il figlio con un sorriso e gli ha passato la sua chitarra.

Lorenzo sembrava timido, ma con questo gesto stupendo e inatteso di suo padre, aveva commosso anche il pubblico che si era alzato.

La gente gridava:

"Forza Lorenzo facci vedere di chi sei il figlio! Sei grande!"

Giosuè era commosso… Lui guardava il figlio che suonava "I Giochi Proibiti" come non l'aveva mai suonato. Il ragazzo sembrava camminare sulle orme del padre. Il suono che emanava questa chitarra era come un canto alle orecchie e… nella loggia una piccola donna piangeva dalla felicità.

Non era solo il grande giorno di Giosuè, era il grande giorno della famiglia Rodriguez che si era ritrovata dopo tanti anni. Anche davanti al pubblico.

Un mese dopo il CD dell'Inno ai Sentimenti era in vendita nei migliori negozi d'Europa e figurava nel negozio FNAC in vetrina accanto alla foto di Rodriguez abbracciato al figlio e la moglie.

Linda era più felice che mai…

48

Mentre Nini e Richard guardavano le vetrine illuminate di Via Roma, Linda era presa da una profonda nostalgia. Un ricordo ancora doloroso teneva il suo cuore in una forte presa. Era entrata in farmacia, la solita... quella che una volta aveva frequentato con Carlo. Linda stava per uscire e senza che se ne fosse accorta vedeva un uomo con passo lento che stentava di camminare dritto... Era Carlo!

Mai avrebbe creduto possibile, dopo le sue parole che sarebbe tornato in Olanda, di trovarlo davanti a sé in questa giornata che doveva solo portare il ricordo e la gioia del suo amore.

Come una forte fitta nel cuore guardava quest'uomo, che aveva gli occhi lucidi e sembrava implorare il suo amore. Linda non sapeva più come comportarsi. Era come fosse presa dal panico in un momento che doveva esclamare tutto il suo amore e la gioia di vivere. La felicità che consisteva in piena crescita nel suo cuore veniva travolta da un'ombra che non aveva mai visto prima. Lei non riusciva a capire come mai quest'uomo che l'aveva tanto ferita continuasse ad avere un'impronta magica sulla sua esistenza, come fosse quel chiodo che cercasse di penetrare in un pezzo di legno troppo duro e arduo che quasi quasi ci voleva un martello pneumatico per farlo penetrare.

Nini aveva notato il comportamento confuso di Linda quando era uscita dalla farmacia.

"Che cosa hai… ti senti male? Vuoi che chiamo Richard?… Dimmi! Mi fai spaventare…"

Linda aveva gli occhi lucidi. Nonostante tutto quello che aveva passato, sentiva ancora una forte attrazione verso quell'uomo tanto insolito, ma che aveva amato così tanto.

Nini guardando l'uomo che apriva la porta e si fece strada con un bastone, cominciava a capire. Linda aveva le lacrime agli occhi e quando Carlo l'ha salutata, non capiva se doveva rispondere o far finta di niente. Ovunque sarebbe andata, ovunque avrebbe sentito la sua presenza… ma questa volta era diverso. Era come quest'ombra fosse inseguita da un'ombra ancora più scura, quasi nera e mentre guardava la sua sagoma svanire dietro l'angolo di Via XX Settembre capì che i ricordi avrebbero invaso il suo cuore.

Come in un sonno profondo sentiva la musica di Chagrin d'amour, cantato da Demis Roussos. Una musica che le aveva fatto sognare lo scorso mese di dicembre… Una musica piena di nostalgia e di tanta gioia che era nata nel suo cuore. Linda si domandò come mai quest'uomo era diventato così crudele e meschino nei suoi confronti. Come mai era riuscito ad amarla intensamente con uno sguardo pieno d'amore e con un romanticismo innato solo a lui…

Si sentiva confusa e voleva sfuggire lontano da tutti e nascondersi su un'isola dove si sarebbe trovata da sola con i suoi sentimenti e… dolori.

I suoi sogni avevano soffocato i sentimenti nuovi che provava nel suo cuore. Non sapeva più come reagire, né come fare anche se il suo amore per Giosuè era grandissimo, adesso sentiva un vuoto che non poteva giustificare. Si sentiva come un gattino piccolo che era fradicio dalla pioggia e non sapeva, dove cercare riparo e dove scaldarsi. Era come se stesse miagolando per avere quel poco di cibo che le servisse per sopravvivere e non riuscisse a trovarlo.

Era in preda al panico e si domandò se Giosuè si sarebbe accorto di quello che stava succedendo e se avrebbe capito. O, e con tanta paura ci pensava, se questo sentimento avrebbe creato un nuovo distacco fra di loro.

Nini la guardava incredule e la sosteneva come se avesse paura che la sua amica potesse svenire da un momento all'altro. Non ci volevano delle parole per far capire che Carlo stesse soffrendo e che stava male, anche uno sconosciuto l'avrebbe capito.

Invano Nini ha provato a tirare su il morale di Linda…

"Ti ricordi i cammelli nel deserto? Dici che ce n'è solo uno adesso? Dici…”

“Dai Nini, non lo fare adesso non credo sia il momento!”

Linda guardava la sua amica con un’aria da bambina in castigo che non capiva se poteva uscire dal suo angolo perduto o se ci doveva rimanere…

Nini la guardava e le due donne, rimaste eterne bambine nel cuore, si misero a ridere ed esplodevano in una risata frenetica senza capirne il motivo.

“Credo che l’altro cammello sia seduto sotto una palma a prendersi una Coca Cola light!… Tu che cosa ne dici?”

“Cosa?… Ma sei pazza?… ma come osi! Non vedi che sto soffrendo… è il caso che mi prendi anche in giro per le mie bibite?”

“No… solo per lo sguardo che mi fai… se avessi bevuto una Coca Cola normale a pranzo, non avresti quello sguardo adesso!”

“Che cosa state combinando di nuovo? Ma possibile che dovete comportarvi come due galline che escono dal collegio ogni volta che vi trovate insieme? Non c’è qualcuno che deve sposarsi?”…

Nini guardava la sua amica… e anche la gente si era fermata a guardare le due donne che andavano in escandescenza nella via più elegante di Torino. Tanti ridevano, tanti si fermavano e le fissavano come fossero l'ultima soluzione a un teorema irrisolto.

Giosuè guardava Richard come volesse chiedergli aiuto e capire la circostanza assai bizzarra in cui si trovava all'improvviso!

"Avete visto un fantasma? Che cosa hai amore? Stai male o stai ridendo?"…

Linda guardando negli occhi perplessi di Giosuè non poté che esplodere in un'altra risata frenetica, seguita da Nini che adesso fece nient'altro che buttare fuoco sulla paglia che sembrava bruciare negli occhi di Richard… tanto scattavano le scintille!

Richard da uomo pacifico, calmo e con l'aria da filosofo, era infastidito di trovarsi in una situazione tanta problematica come quella di adesso. Già non capiva la lingua e per di più era lo zimbello dello spettacolo della gente che passava!

"Questi stranieri! Credono che tutta la città loro appartenga!"…

Replicava una signora anziana, molto distinta e molto seria.

Altri passavano e guardavano senza aprire bocca, allontanandosi con lo sguardo perplesso per lo spettacolo inusuale che si stava svolgendo. Ridendo mentre progredivano con i loro passi lenti .

Alla fine le due ragazzacce si sono calmate, cercando di capire dove era sfuggito l'altro cammello e se sarebbe arrivato a destinazione finale Dakar!

La giornata era passata in un silenzio anomalo. Giosuè non riusciva a capire come mai quella sfera misteriosa avesse toccato l'anima di sua futura moglie. E Nini guardava la sua amica come fosse al corrente del corto circuito che aveva subito il suo cuore.

Linda era seduta sul divano, con gli occhi chiusi, ed era come vivesse in un sogno. La musica di Rain and Tears… e lei, che ballava nelle braccia di Carlo. Era come quel ricordo non fosse mai svanito. Era più vivo che mai e anche se non voleva, il suo cuore batteva più forte. Era come cercasse un ritmo diverso dalla gioia delle onde del mare. Era come vivesse su una nuvola dalla quale non riuscisse a scendere e…   Lei non sapeva come fare.

49

La strada per tornare a casa sembrava non volesse finire mai più. Il percorso era come fosse avvolto da un'atmosfera insolita. Non era una cosa magica, ma triste ed era come il cuore di Linda piangesse per una solitudine mai conosciuta. Non era riuscita a staccare i suoi pensieri da quella visione. Un'immagine inaspettata che sembrava volesse richiamare le sue idee a un ricordo pieno di nostalgia.

È vero, era stata bene con Carlo, anche se negli ultimi tempi lui l'aveva fatto soffrire e umiliata nei modi più impensabili. Purtroppo lei si sentiva ancora legata a lui e il suo cuore piangeva una melodia conosciuta. Era come fosse inondata dalla musica di Albinoni, un adagio triste che rispecchiava l'idea della morte. Non era una cosa spaventosa, ma come un dolce incontro con un'ombra che continuava a sorvegliarla da dietro un albero. Questa volta non era un salice piangente, ma un olmo con un tronco maestoso, forse più robusto del solito. La sua criniera sembrava dondolare leggermente su un venticello che non vedeva l'ora di farsi coccolare. Le sue foglie erano ricche di una dolce nostalgia, come volessero annunciare l'arrivo di una pioggia beata, con la magia di colorare le foglie ancora verdi in un grigiastro leggero…

Un dolce preludio all'abbraccio dell'autunno. Le note di una dolce musica sembravano accarezzare le sue orecchie e sussurravano la magia di un amore, adesso forse troppo lontano per essere capito ancora.

L'atmosfera era come la dolce attesa di un bambino appena nato che non vede l'ora di farsi coccolare dalla sua mamma, stanca del travaglio, ma con una luce troppo felice negli occhi per scordarsi di quella creatura indifesa... con tanto bisogno d'amore.

Linda sentiva l'accarezzo del violoncello nelle orecchie sue ed era come quando le dita di Carlo la stavano accarezzando. Era come volesse invitarla a non sentirsi sola in un momento così difficile, forse tragico della sua vita.

Con lo sguardo fisso dal finestrino, cercava un punto di riferimento in qualsiasi immagine che sembrava voler sfuggire agli occhi suoi e non aveva visto che Nini la stava osservando in silenzio. Era come la sua amica riuscisse a leggere i suoi pensieri e fosse sconvolta nello stesso momento del grande amore di cui era capace quella piccola donna, una volta forse tanto sbandata ma adesso di una dolcezza incredibile.

Linda aveva le lacrime che le bruciavano agli occhi. Era come volesse trattenere quella pioggia così attesa dopo una lunga estate troppo calda. E che adesso doveva combattere contro una nebbia troppo fitta per far scendere le prime gocce della pioggia.

La strada si presentava in modo deserto agli occhi di Linda. Non vedeva più le numerose macchine che tentavano invano il sorpasso… Non vedeva le belle case in lontananza immerse nei prati verdi. Era come se esistesse solo lei e il pensiero di Carlo che lei sapeva non apparteneva più al suo cuore, ma che adesso era troppo vicino per esserle indifferente.

Nini aveva cominciato a scarabocchiare una poesia su un tovagliolo rimasto nella sua borsa. Non era una poesia di tante idee inutili. Era solo la descrizione di un sentimento profondo che sembrava di aver percepito nello sguardo di Linda…

"Il sentiero del bosco…

Alberi dolci, frivoli incanti
Cresta piegata in fiera maestà
Musica, il soffice vento implora
Perdona quest'ombra oscura
Al cammino tuo, silenzio infranto
Dolce sognare sul sentiero tuo
Ancora di salvezza dell'anima triste
Piedi notturni al chiaro di luna
Stelle che brillano
Illuminate dal pensiero
Alberi solitari che cantano nel vento
Implorando il silenzio fra nuvole notturne
Dolce cammino verso
Un amore sconosciuto…"

Il silenzio non era un silenzio capito dall'ignoto. Era come un'anima lontana fosse volata via e volesse sfiorare ancora un attimo il tempo in cui quella piccola donna a lui era stata molto cara...

Carlo è morto in quel pomeriggio in solitudine, circondato da tanta nostalgia e dal solo pensiero di non aver abbracciato la sua Linda, la sua piccola donna svanita adesso per sempre...

50

Nessuno aveva parlato in macchina. Nessuno aveva guardato il prossimo, ma il silenzio aveva cantato un inno alla solitudine che era volata via come fosse quella nuvola bianca che cerca solo la pace prima di essere circondata da tanta felicità…

Though shall I forgive you
Why should I complain
Why should I betray
Why… shouldn't I be loved
Don't take my soul, don't take my heart
I do believe in you…
I do beware, thy love for me
And I can't but tell you
How sorry I feel…
Do remind my only love
And my feelings for you
My only love
I cannot but see your heart
Weaping now for me
Please don't cry, and don't be mine
So I can leave this world
And weep my lonely tears…
Cry in my arms but don't forsake
My only love and please
Forgive my sorrow now
And help me to survive
And live with you
Why should I be alone

Giosuè era entrato in casa e mentre guardava Linda aveva preso la sua chitarra in mano e suonava l'Adagio di Albinoni. Lorenzo guardava suo padre come avesse capito quello che era successo e le parole di una melodia, a lui sconosciuta prima d'ora, sembravano toccare l'anima di chi non cerca più la solitudine.

Richard era seduto e osservava il trio con la solita aria da filosofo maturo, fumando la sua pipa. Era allungato in quella vecchia poltrona come fosse sempre stata la sua e avesse nessuna intenzione di interrompere la sua pace.

Lui capiva che Giosuè doveva rimanere in silenzio adesso. Qualsiasi parola fuori luogo avrebbe potuto scatenare un distacco irreparabile. Richard conosceva Linda troppo bene e quanto poteva essere vulnerabile quando era ferita nei suoi sentimenti.

È vero non era da tanto che aveva dato il ben servito a Carlo ed era anche vero che c'erano state tante barzellette e risate sul suo conto, ma lui più di qualsiasi altra persona, sapeva quanto quella piccola donna era fragile nei suoi sentimenti e come un gesto sbagliato l'avrebbe potuto ferire più che mai.

Giosuè, anche se non aveva vissuto con Linda da tanto tempo, era un uomo di grandi sentimenti e percepiva l'atmosfera misteriosa che si era creata quel pomeriggio e… senza aver detto niente a nessuno, anche lui aveva visto Carlo uscire dalla farmacia. L'immagine di Carlo era come un'ombra che voleva sfuggire a sé stessa, come un miraggio che cercava di nascondersi dietro il tronco di un albero gigantesco e che non vedeva l'ora di essere assorbito da una nuvola misteriosa che avrebbe conosciuto alcun confine.

La vita doveva continuare e Giosuè sapeva che la sua pazienza era sacra in una situazione più delicata che mai. Lui doveva stare vicino alla sua donna, senza parlare… Ascoltando i sentimenti che emanavano il suo cuore e la sua anima. La magia che c'era stata tra di loro sarebbe sempre rimasta. Era una questione di giorni e Linda avrebbe capito dal suo grande amore che anche questo episodio triste della sua vita sarebbe svanito nel nulla.

I giochi proibiti erano giochi da giocare, mai in solitudine… ma certe volte circondati da tanti pensieri e l'amore che doveva aspettare il prossimo incontro.

51

I primi mesi di dicembre erano freddi quest'anno. Linda guardava Giosuè con aria perplessa, era come i suoi occhi potessero esprimere tutta la gioia del suo cuore e la gratitudine di averla capita in un periodo assai difficile della sua vita.

Il padre di Lorenzo era consapevole che la sua piccola donna non era più innamorata di Carlo, ma nonostante questo lui era rimasto colpito da tanta dolcezza che non era una risultanza di un amore sfiorito, né di una compassione, ma solo l'addio a un ricordo di un periodo distaccato della sua vita. Linda era così, e lui la conosceva troppo bene. Era o non era un musicista lui? E tutti sappiamo come la loro anima riesce a comunicare con il prossimo e come questi artisti, scelti da Dio per osservare e ascoltare la natura, percepiscono i nostri sentimenti in modo diverso. Non ci volevano e non ci vorranno mai delle parole per esprimere la dolcezza della loro anima... Né il silenzio che si nasconde dietro le loro parole.

Finalmente era arrivato il grande giorno e in questi due settimane che precedevano il loro matrimonio, Giosuè aveva imparato a conoscere una donna diversa. Linda non era più quella ragazza scatenata di una volta.

Quella piccola donna che sembrava volare su una nuvola e

vivere una vita distaccata dai pensieri dolorosi. Lei era maturata e, senza aver comunicato con qualcuno, aveva imparato dalle sue sofferenze curare quelle piccole cicatrici che rendevano il suo viso ancora più bello.

È vero c'era qualche rughetta che sfiorava la sua bocca, ma che cosa era in confronto alla lontananza di un'anima che si credeva persa per sempre.

Nini aveva osservato la sua amica come fosse una bimba che era riuscita a rubare un gelato di nascosto. Linda era così e lo sarebbe sempre stata.

Richard l'aveva osservata in questi ultimi giorni che precedevano il matrimonio della sua piccola amica. L'aveva guardata come se avesse paura che sarebbe crollata all'ultimo. Niente era vero… man mano che le ore passavano lo sguardo di Linda sembrava illuminare l'atmosfera. In qualsiasi cosa toccasse o combinasse c'era dell'amore che sembrava sfiorare i suoi passi con dei petali di fiori, così dolce era il suo cammino.

La sera, seduto nella poltrona di velluto marrone, Richard tentava di fare le sue solite battute con tanta voglia di scherzare.

E se andassimo tutti nel Sahara? Se andassimo fare un safari nel deserto? Nini che aveva osservato suo marito con aria perplessa sembrava non aver capito. Richard si nascondeva dietro la lettura del solito giornale nella paura di aver fatto l'ennesima gaffe nei confronti di una piccola donna.

"Che cosa hai detto? Mi prendi in giro vero?"…

Richard sbalzò in piedi dalla reazione inaspettata… ma che!

"Pensavo che sareste state arrabbiate! Certo chi le capisce voi donne! Non solo deve essere un genio… Deve essere anche un mago!"…

"Meglio! Un cammello!"

Fece Lorenzo…

Nessuno aveva più fatto attenzione ai due innamorati che sembravano nascondere l'idea di un matrimonio lontano dagli sguardi del prossimo e nessuno conosceva il loro segreto.

Sabina era abituata a stare in silenzio e godersi le prime sofferenze di una futura mamma. Il suo viso era diventato ancora più bello, e le nausee mattutine non sembravano aver sfiorato il suo pensiero. Viveva come riuscisse a toccare un sogno meraviglioso fatto solo per lei e Lorenzo.

La magia del loro segreto cresceva ora dopo ora e nessuno si rendeva conto del grande amore della giovane coppia che viveva all'ombra di Linda.

52

Il grande giorno era alle porte che si aprono solo con una bacchetta magica.

Il sole radiava più che mai e nessuno sembrava notare il venticello che accarezzava i capelli di Lorenzo. I suoi ricci volavano al vento e con la mano destra cercava di metterli apposto. Padre e figlio avevano lo stesso modo di muoversi con disinvoltura e la tensione che è solita in questo giorno, non sembrava metterli a disagio. Nella loro anima suonavano le campane di un organo ed era come potessero già sentire l'eco della musica nella cattedrale di Winchester. Padre e figlio si guardarono come se percepivano lo stesso sentimento. Entrambi erano vestiti in frac grigio e un garofano blu riposava sul revère della giacca.   Giosuè sembrava calmo, ma Lorenzo percepiva una scintilla di elettricità osservando suo padre che accarezzava la sua mano stretta in un pugno. Era come se questo giorno fosse la gioia più grande che avesse conosciuto nella sua vita. Anche se Giosuè aveva i capelli brizzolati, il suo viso abbronzato con gli occhi profondi che cercavano voler misurare la profondità del mare, guardava davanti a sé come se cercasse nel prato immenso uno scoiattolo che annunciasse la primavera.   I suoi occhi bruciavano dal sole che si rispecchiava sul mare di Malaga.

Era lì che Linda si era voluta sposare in ricordo di un passato dolce e romantico… Un ricordo della sua gioventù… Il grande giorno stava per arrivare. Mancava solo una grande amica, mai dimenticata del passato!

"Elvira Madigan"...

Ricordando i giorni precedenti, carichi di emozioni subite prima, nessuno aveva fatto attenzione a Richard. Nessuno si era ricordato di quel filosofo. Grande dermatologo... Lui sembrava aver accettato tutto. Come fosse l'ancora di salvezza di tutti quanti e mai in conflitto con i propri sentimenti. Lui guardava dalla finestra e... anche Linda guardava dalla finestra.

Il vetro era bagnato con delle piccole gocce d'acqua che sembravano evocare in lei una dolce tristezza.

Non era riuscita a piangere alla notizia della morte di Kurt, ma il suo ricordo era troppo vivo nella sua memoria.

Richard ascoltava la sua musica preferita: "Elvira Madigan", un dolce adagio di Mozart. Questa melodia implorava i suoi sentimenti di lasciarsi andare. Si sentiva come un ragazzino abbandonato vicino a un fiume, con tanta paura di attraversarlo. Era come se i suoi piedi barcollassero ad ogni passo facesse... Era come trovarsi in cima a una montagna e guardare in basso nel burrone...

Lui si domandava se i suoi sentimenti avrebbero perso l'equilibrio al quale teneva così tanto. E… certi ricordi, ancorati nella sua mente, prendevano vita come fossero sempre esistiti e aspettassero solo l'arriva di una lettera. La risposta a un invito. Una semplice conferma… Elvira! L'amica creduta dimenticata da sua moglie e… Linda.

Linda pensava all'amore. A quel dolce toccarsi l'uno l'altra.

I suoi pensieri si erano soffermati al ricordo dello sguardo di Kurt. Solo lui era stato capace ad ammirarla senza toccarla. Le sue mani non l'avrebbero mai sfiorata… Mai si sarebbe permesso un gesto inaspettato. Un gesto che non avrebbe voluto o frainteso.

Troppo bene si ricordava quella prima sera che si era trovata di fronte a lui. Era nel lontano 1983, si trovava nella DDR. I suoi occhi l'avevano inseguita come fosse quella volpe che ha paura di uscire di notte e si guarda attorno per vedere se la strada sia libera, consapevole che qualsiasi mossa sbagliata avrebbe messo in pericolo i suoi cuccioli.

Lui era stato così, quel dolce Kurt che era stato tanto innamorato di lei. I suoi sentimenti erano puri e lei lo ammirava come fosse stato quel vero padre che non aveva mai avuto. Un uomo con il quale confidarsi, una spalla sulla quale piangere… se mai l'avesse voluto.

Troppo era l'orgoglio di Linda. Era troppo sofisticata all'età di trentaquattro anni. La sua vita sarebbe stata meravigliosa affianco a un uomo come Kurt, ma come poteva fare? Lui era così importante, così dolce ma anche… così sposato!

Quel ricordo di lui la tormentava adesso. Se avesse osato… Se avesse solo una volta appoggiata la sua testa sulle sue spalle… Chissà che cosa sarebbe successo…

"Niente"!

Pensò con tristezza… E senza accorgersene aveva pronunciato quelle parole a voce alta.

Non si era mai osata, aveva troppo rispetto per i suoi sentimenti. Mai l'avrebbe voluto far soffrire.

Le lacrime trattenute da troppo tempo le scendevano sulle guance. Era come stesse per svenire e quel dolce abbraccio le fece chiudere gli occhi per sognare ancora di più.

"Che cosa hai?… Non ti senti bene?… Ci sono io puoi sempre contare su di me…"

Linda non doveva girarsi per capire che queste braccia forti erano di suo figlio.

Lorenzo aveva osservato sua madre da dopo il funerale di Kurt e non si era mai permesso di chiederle una spiegazione.

"Mi ricordo di lui… lo sai, vero? Mi ricordo che una volta era venuto a cena a casa nostra e figurati che non ti ho osservata!…

Ti ho ammirata in quel momento, mammina mia. Sapevo che la tua vita sarebbe stata più facile, anzi sarebbe stata ricchissima se avessi voluto… Ma hai pensato a me e secondo me avevi preso la decisione giusta."

"Come fai a dirmi questo Lollo? Eri così piccolo… Così spensierato…"

"No!… Avevo già tredici anni e capivo mamma… Capivo tutti i tuoi segreti. Era come fossimo l'uno parte dell'altra…"

"Sì… Adesso mi ricordo. Ridevi ogni volta che mi osservavi e capivi al volo quello che avrei detto… Qualsiasi reazione mia!"

"Com'era bello mammina mia!"

"Sì, amore mio… Sei stato tu il grande amore della mia vita"

"Come lo sono io per la mia mammina"…

Rispose Sabina, guardando madre e figlio in un dolce abbraccio.

"Certo, non potrò mai competere con i vostri segreti e le vostre confidenze…"
fece Giosuè.

"Debbo credere che ci sia una piccola fiamma di gelosia che sta crescendo nel tuo cuore, amico mio?"

Richard, affondato nella poltrona di velluto, osservava il suo futuro consuocero con la solita aria da filosofo.

Niente a fatto! Mi piace pensare ai miei due piccioncini come fosse quel ricordo che cresceva pian pianino nel mio cuore e di cui ignorava l'esistenza fino ad oggi."

"Non sarebbe meglio che pensassimo ai nostri due cammelli che ci fanno tribolare l'anima?"

Fece Nini per interrompere il silenzio, che sembrava tanto implorare una tristezza che cresceva attimo dopo attimo.

I due rimanevano in silenzio e Nini non poteva ricordare la sua amica in modo diverso di quello che l'aveva conosciuta… Ignorando che un'altra piccola donna stava soffrendo per la morte di Kurt: Elvira!…

"L'anima ricorda un cuore che non riesce più a piangere…
La voce della sinfonia suona la sua melodia, ignara della bellezza che la circonda. Amore mio dove sei? Dove ti nascondi?
Dove sono le mie lacrime versate per te? Dove sono i nostri ricordi così lontani come fossero un attimo rubato alla mia memoria…
I tuoi occhi, così limpidi cosi dolci… pieni d'amore,
il tuo sguardo in silenzio come fosse una melodia mai suonata.
Voce del mio cuore, gridi il tuo amore.
Voce della tua anima, rimani in silenzio e osservami…

Osserva il mio dolore, le mie lacrime che non ho mai pianto per te.

Il tuo ricordo... le tue mani che mi accarezzano la guancia. I tuoi occhi che m'implorano di consolazione.

Il tuo sorriso... come fosse quella lacrima nascosta che brilla nel sole.

Perché tanto dolore, perché la mia ignoranza e la tua tristezza.

Quanti giorni non passati insieme.

Quante ore non rubate al silenzio dei nostri cuori.

Amore della tua vita... Ignoranza della mia.

Cuore che batteva forte per me... Io con la mia solitudine.

Anima incompresa, violenza del dolore mai compreso.

I tuoi occhi tristi... Il tuo sguardo limpido, come fosse nascosto dalle lacrime che non riusciva più a piangere.

Cuore infranto della mia gioventù, non compresa.

Cuore grande che m'implorava la solitudine...

Parole mai dette e non comprese, nascoste nell'anima...

Dolce canto di tristezza... dolce amore della mia vita..."

Richard guardava sua moglie e Linda, quella donna che aveva avuto un passato misterioso, e continuava a domandarsi come avrebbe accolto Elvira. Quella ragazza dimenticata... Ma sempre presente nei ricordi di un pianoforte che mai aveva smesso di suonare. Un ricordo troppo presente anche nel cuore di Giosuè...

www.ingramcontent.com/pod-product-compliance
Lightning Source LLC
Chambersburg PA
CBHW061028250726

48653CB00001B/5